Determinant

Belay Mohammed

Determinantes da procura de serviços de saúde

um estudo de caso da cidade de Mekelle, no norte da Etiópia

ScienciaScripts

Imprint

Any brand names and product names mentioned in this book are subject to trademark, brand or patent protection and are trademarks or registered trademarks of their respective holders. The use of brand names, product names, common names, trade names, product descriptions etc. even without a particular marking in this work is in no way to be construed to mean that such names may be regarded as unrestricted in respect of trademark and brand protection legislation and could thus be used by anyone.

Cover image: www.ingimage.com

This book is a translation from the original published under ISBN 978-3-659-85079-0.

Publisher:
Sciencia Scripts
is a trademark of
Dodo Books Indian Ocean Ltd. and OmniScriptum S.R.L publishing group

120 High Road, East Finchley, London, N2 9ED, United Kingdom
Str. Armeneasca 28/1, office 1, Chisinau MD-2012, Republic of Moldova, Europe

ISBN: 978-620-3-19814-0

Copyright © Belay Mohammed
Copyright © 2024 Dodo Books Indian Ocean Ltd. and OmniScriptum S.R.L publishing group

Conteúdo

Resumo 2
Agradecimentos..3
Acrónimos..4
Capítulo I..5
Capítulo II...13
Capítulo III 30
Capítulo IV...41
Capítulo Cinco 55
Referências 58

Resumo

Este estudo examina os factores associados à decisão de consultar um médico e à escolha entre prestadores de cuidados de saúde, utilizando dados primários recolhidos na cidade de Mekelle. Enquanto se espera que os factores a nível do agregado familiar afectem a decisão de consultar o tratamento médico, os factores específicos do doente e do prestador são incluídos como potenciais determinantes da escolha entre diferentes prestadores de serviços de saúde. O modelo logit multinomial aninhado (NMNL) foi estimado utilizando a técnica de máxima verosimilhança com informação completa (FIML), que estima simultaneamente os dois níveis de decisão. No nível superior do modelo, a educação do chefe do agregado familiar e o número de dias que o doente sofreu afectam positiva e significativamente a decisão de consultar os cuidados médicos modernos. No entanto, o número de crianças no agregado familiar afecta negativa e significativamente a decisão de consultar os cuidados médicos modernos.

No nível inferior do modelo, a probabilidade de recorrer aos cuidados de saúde públicos e privados aumenta com o logaritmo do consumo e a qualidade do tratamento, mas diminui com a idade dos doentes. Enquanto a educação primária dos pacientes aumenta a probabilidade de consultar o prestador público, a educação secundária e superior aumenta a probabilidade de consultar os cuidados privados em relação à ausência de cuidados. O cálculo das elasticidades-preço do arco mostra que as elasticidades são negativas em todos os preços e grupos de rendimento. Para além disso, a procura é mais elástica em relação aos preços com rendimentos mais baixos e a níveis de preços mais elevados. Por conseguinte, o resultado indica que as taxas de utilização seriam regressivas, na medida em que reduziriam a utilização dos serviços de cuidados de saúde pelo segmento pobre da população, em detrimento dos ricos. A baixa magnitude das elasticidades-preço indica que o governo tem potencial para gerar mais receitas através do aumento das taxas moderadoras, mas esta medida deve ser apoiada por mecanismos que garantam uma utilização suficiente entre os pobres.

Palavras-chave: Procura de cuidados modernos, Escolha do prestador de cuidados de saúde, MNNL, Modelo de nível superior, Modelo de nível inferior

Agradecimentos

Antes de mais, gostaria de expressar a minha profunda gratidão ao Dr. Jayamohan MK pelo seu apoio contínuo e comentários construtivos. De seguida, gostaria de agradecer ao Sr. Kidanemariam Abreha pelos seus inestimáveis comentários e sugestões. O meu grande apreço vai também para o Sr. Tefera Kebede, diretor do departamento de Economia da Universidade de Mekelle, pelo seu apoio material e moral. Por último, gostaria de agradecer aos meus amigos pelo seu apoio intelectual e moral.

Muito obrigado!

Belay M.

Acrónimos

BPR - Business process reengineering

CSA - Central Statistics Agency

FIML - Full information maximum likelihood

FMOH - Federal ministry of health

HSDP - Health Sector Development Program

IIA - Independency of irrelevant assumption

LDCs - Least developed countries

LIML - Limited information maximum likelihood

MNL - Multinomial logit

NGOs - Nongovernmental organizations

NMNL - Nested multinomial logit.

PHCU - Primary health care unit

RHBs - Regional health bureaus

UN - United Nations

WB - World Bank

WHO - World health organization

Capítulo I
1. Introdução

1.1 Antecedentes

A saúde é um fator essencial para o bem-estar e uma condição prévia para um desenvolvimento bem sucedido. A OMS, a principal agência das Nações Unidas responsável pelas questões de saúde a nível mundial, definiu a saúde como "um estado de completo bem-estar físico, mental e social e não apenas a ausência de doenças e enfermidades" (OMS, 1947). Os países em desenvolvimento enfrentam um problema de saúde mais grave do que os países desenvolvidos, especialmente no que diz respeito às doenças infecciosas. Todos os anos, cerca de 8 milhões de crianças com menos de cinco anos morrem nos países em desenvolvimento (OMS 2011a). A principal causa de morte destas crianças são doenças facilmente evitáveis, que poderiam ser prevenidas gastando alguns cêntimos por criança. Este facto mostra que o seu verdadeiro inimigo é a pobreza (Todaro e Smith, 2003). Assim, a prestação de serviços básicos de saúde é um meio eficaz para atingir os objectivos de redução da pobreza. Isto porque o nível de saúde da população pode influenciar o progresso económico ao afetar a produtividade de cada trabalhador. Por este facto, todos os países consideram a prestação de serviços de saúde como um aspeto importante do desenvolvimento socioeconómico do seu país.

De acordo com vários indicadores do estado de saúde, o estado de saúde da população etíope é muito baixo. Em geral, a baixa esperança de vida, a elevada mortalidade infantil e materna, a baixa cobertura de vacinação e o baixo acesso a saneamento adequado caracterizam a Etiópia. As taxas de mortalidade de menores de 5 anos e de mortalidade materna são muito elevadas; 166 por 1.000 nados-vivos e 850 por 100.000, respetivamente (OMS 2011b). De acordo com o relatório do Programa de Desenvolvimento do Setor da Saúde da Etiópia IV (HSDP IV, 2010), os principais problemas de saúde da população etíope continuam a ser, em grande medida, as doenças transmissíveis evitáveis e os distúrbios nutricionais causados pelo baixo rendimento per capita, as elevadas taxas de analfabetismo, o acesso inadequado a água potável e a instalações sanitárias e o baixo acesso aos serviços de saúde.

Apesar dos grandes progressos registados nas últimas duas décadas para melhorar o estado de saúde da população, a população da Etiópia continua a enfrentar uma elevada taxa de morbilidade e mortalidade e o seu estado de saúde continua a ser relativamente mau. Na sequência da mudança de governo em 1991, o novo governo da Etiópia introduziu uma política de saúde que foi a primeira do género no país e que se insere num conjunto de medidas de transformação política e socioeconómica. Para atingir o objetivo do sector da saúde, o Governo da Etiópia concebeu os Programas de Desenvolvimento do Setor da Saúde (HSDP). Trata-se de uma estratégia de desenvolvimento do sector da saúde para 20 anos, implementada através de uma série de quatro programas de investimento consecutivos de 5 anos (Ministério da Saúde, 2010). A primeira fase (HSDP I) foi iniciada em 1996/97. Este programa tinha como objectivos aumentar o acesso aos cuidados de saúde, melhorar a qualidade dos serviços, melhorar a gestão dos serviços de saúde e aumentar a participação dos sectores privado e das ONG na prestação de serviços de saúde. Além disso, a descentralização do sistema de prestação de cuidados de saúde é também considerada como uma medida para melhorar a gestão dos serviços de saúde e a mobilização de recursos (Ministério da Saúde, 2010).

Apesar destes esforços, não se registam melhorias significativas na utilização dos serviços de saúde e nos aspectos relacionados com o financiamento dos cuidados de saúde, em comparação com um aumento significativo da construção de instalações de saúde. Além disso, a participação dos sectores privado e das ONG ficou aquém das expectativas, uma vez que se concentram nas zonas urbanas (Ministério da Saúde, 2010).

Uma forma de garantir a eficácia e a sustentabilidade dos programas e políticas no sector da saúde seria o envolvimento das famílias na conceção de tais políticas e programas. Por exemplo, a identificação dos factores que determinam a procura de serviços de saúde por parte das famílias pode ser vital para ajudar a definir estratégias racionais. A utilização dos serviços de saúde depende de factores de procura como o rendimento, o custo dos cuidados, a educação, as normas e tradições sociais e a qualidade e adequação dos serviços prestados. Por conseguinte, o interesse não deve limitar-se à mera disponibilização de acesso físico, mas deve também assegurar a utilização efectiva desses serviços entre os grupos doentes da população (Lindelow, 2003). Tendo em conta o acima exposto, este estudo preocupou-se em determinar os factores que estão associados à decisão de procurar tratamento médico e à escolha dos prestadores de serviços de saúde.

1.2 Financiamento dos cuidados de saúde

Na maioria dos países em desenvolvimento, a prestação de serviços de saúde é considerada um direito básico de todos os indivíduos. Esta perceção manifesta-se através de sistemas de cuidados de saúde altamente subsidiados pelo Estado, que prestam serviços de cuidados de saúde a custo zero ou reduzido. No entanto, a insuficiência de fundos para a prestação de serviços de saúde pública tornou-se um problema crítico em muitos países em desenvolvimento na década de 1980. Isto obrigou os países pobres a adotar um programa de ajustamento estrutural e a recuperação dos custos na prestação de serviços de saúde pública (Gupta & Dasgupta, 2002).

A forma de financiar e prestar serviços de saúde a uma sociedade é um problema difícil, especialmente nos países com baixos rendimentos. Nestes países, o governo é o principal prestador de serviços de saúde com o objetivo de garantir a equidade na prestação de serviços de saúde. Na

Etiópia, a situação é a mesma: o governo continua a ser o principal prestador de serviços de saúde. Este facto pode dever-se, em parte, à herança do regime anterior (Tesfaye, 2003).

Em muitos países de baixo rendimento, a prestação de serviços de saúde pública continua a ser muito baixa, principalmente devido à insuficiência de fundos. Para ultrapassar este problema, nas décadas de 1980 e 1990, muitos países em desenvolvimento, especialmente os de África, introduziram taxas para a prestação de serviços de saúde pública como meio de recuperação de custos para sustentar a prestação. Na Etiópia, a história da recuperação de custos no sistema de saúde pública remonta ao início da década de 1950 (Fairbank, 2001), como citado por Amarech (2007).

O Banco Mundial, através do programa de ajustamento estrutural, aconselhou os países de baixo rendimento a reduzirem as suas despesas com os cuidados de saúde e outros serviços sociais, introduzindo a recuperação dos custos. O Banco Mundial e o Fundo Monetário Internacional promoveram agressivamente a recuperação de custos e utilizaram a recuperação de custos como condição prévia para novos empréstimos e redução da dívida. Em 1998, 75% dos projectos do Banco Mundial na África Subsariana incluíam a recuperação de custos como condição prévia (Emmett, 2004), citado por Amarech (2007).

A Etiópia regista um défice crítico no que respeita às despesas de saúde. Na Etiópia, entre 2004/05 e 2007/08, as despesas totais com a saúde aumentaram de cerca de 522 milhões de dólares para cerca de 1,2 mil milhões de dólares. As despesas de saúde per capita também aumentaram de 4,5 USD em 1995/96 para 16,10 USD em 2007/08. Apesar de as despesas de saúde terem aumentado tanto em termos de montante bruto como de nível per capita, continuam a ser baixas em comparação com a média da África Subsariana (Ministério da Saúde, 2007). Nos últimos anos, a partilha dos custos pelos utentes privados tornou-se a principal fonte do total das despesas públicas de saúde. A parte privada do total das despesas de saúde atingiu 62%, contra apenas 16% em 1986 (Damen, 2001).

O principal argumento contra as taxas moderadoras baseia-se no possível impacto regressivo na utilização dos serviços de saúde. De acordo com Gaddah (2011), a reforma das taxas moderadoras não produziu qualquer alteração significativa nas receitas, tendo antes afastado as pessoas do sistema público de saúde. Este debate pode ser analisado de forma significativa em termos das implicações para o bem-estar das taxas moderadoras, utilizando um quadro de maximização da utilidade e estimando funções de procura de cuidados de saúde (Gupta & Dasgupta, 2002). Tendo isto em mente, este estudo centrou-se em responder ao possível impacto das taxas moderadoras na procura de cuidados de saúde no caso da cidade de Mekelle.

1.3 Organização do sistema de saúde

Na Etiópia, o sistema de saúde moderno caracteriza-se pelo domínio do sistema de saúde público e privado. Os organismos responsáveis pela prestação de cuidados de saúde públicos são o Ministério da Saúde e os serviços regionais de saúde, que gerem hospitais, centros de saúde e postos de saúde.

De acordo com a BPR (business process reengineering) recentemente implementada, o sector da saúde introduziu um sistema de prestação de cuidados de saúde a três níveis. O primeiro nível de um sistema de saúde "Woreda" (distrito) inclui um hospital primário (com uma cobertura populacional de 60 000 a 100 000 pessoas), centros de saúde (1 por cada 15 000 a 25 000 pessoas) e os seus postos de saúde satélites (1 por cada 3 000 a 5 000 pessoas) que estão ligados entre si por um sistema de referência (Ministério da Saúde, 2010). A unidade de cuidados de saúde primários (PHCU) é constituída pelo centro de saúde e pelos postos de saúde, e cada centro de saúde tem cinco postos de saúde satélite.

O segundo nível do escalão é um hospital geral com uma cobertura populacional de 1 a 1,5 milhões de pessoas; e o terceiro é um hospital especializado que cobre uma população de 3,5 a 5 milhões de pessoas.

O sistema de saúde da Etiópia é reforçado pela rápida expansão do sector privado com fins lucrativos e das ONG. O sector privado com fins lucrativos e as ONG desempenham um papel crucial na promoção da cobertura e da utilização dos serviços de saúde. O processo de tomada de decisões no sistema de saúde é partilhado entre o Ministério Federal da Saúde, os Gabinetes Regionais de Saúde e os Gabinetes de Saúde de Woreda. O FMOH e os RHBs concentram-se mais em questões de política e apoio técnico, enquanto os Gabinetes de Saúde de Woreda têm funções básicas de gestão e coordenação do funcionamento de um sistema de saúde distrital sob a sua jurisdição.

1.4 Declaração do problema

A saúde é um dos principais objectivos de todas as famílias e governos de todos os países. O estado de saúde da população é o reflexo do nível de desenvolvimento económico do país. Do mesmo modo, o progresso económico do país é influenciado pelo estado de saúde da população. Por conseguinte, os dois são interdependentes, uma vez que as pessoas são simultaneamente a força motriz e os objectivos finais do desenvolvimento socioeconómico. Por esta razão, a prestação de serviços de saúde torna-se um aspeto importante do desenvolvimento socioeconómico de qualquer país. Muitos estudos (tais como Lindelow, 2003, Kasirye et al.2004, Mwabu et al. 2004, I. Barnett et al.2010, e Gaddah, 2011) indicam que as intervenções dos serviços de saúde são importantes para o desenvolvimento de recursos humanos e de uma sociedade saudável que contribuem positivamente para o desenvolvimento da economia.

A maioria dos países em desenvolvimento considera a promoção da utilização dos cuidados de saúde como uma preocupação política importante por duas razões: uma é melhorar os resultados em matéria de saúde e a outra é cumprir as obrigações internacionais de tornar os serviços de saúde amplamente acessíveis. No entanto, muitas iniciativas políticas e de investigação centraram-se na melhoria do acesso físico, em vez de se concentrarem tanto no acesso físico como no padrão de utilização dos serviços de saúde. Por esta razão, não se compreende suficientemente bem os factores associados ao baixo nível de utilização entre certos grupos, apesar da melhoria do acesso físico (Lindelow, 2003). O acesso físico, por si só, não é um fim e, para atingir o objetivo de uma população saudável, deve ser acompanhado de uma utilização suficiente entre os grupos doentes.

A Etiópia é um dos países com o estado de saúde mais baixo do mundo. Para além do baixo nível do estado de saúde, o problema na Etiópia e na maioria dos países em desenvolvimento é o baixo nível de utilização dos cuidados de saúde. Isto indica a necessidade de avaliar os comportamentos dos consumidores que podem afetar a procura de cuidados de saúde, para além da disponibilidade de serviços de cuidados de saúde de baixo custo ou gratuitos (Tesfaye, 2003). Algumas conclusões sugerem que as barreiras do lado da procura desempenham um papel crucial, tal como os factores do lado da oferta, na prevenção da obtenção de tratamento por parte dos doentes. No entanto, os decisores políticos e os investigadores dão relativamente pouca atenção às formas de minimizar o seu efeito (Ensor e Cooper, 2004). As primeiras iniciativas políticas e de investigação centraram-se na necessidade de melhorar o acesso físico através de uma expansão da rede de estabelecimentos. No entanto, uma literatura crescente sobre a procura de cuidados de saúde salientou que os indivíduos não são destinatários passivos dos serviços de saúde; pelo contrário, fazem escolhas activas sobre a utilização ou não dos serviços de saúde prestados (Lindelow, 2003).

Na Etiópia, o governo tem envidado esforços para resolver os problemas que o sector da saúde enfrenta, privilegiando o lado da oferta, como a construção de novos centros de saúde. No entanto, é necessário pensar para além da oferta e considerar o comportamento dos indivíduos durante a doença. Além disso, temos de compreender a natureza e a magnitude dos factores que afectam a sua procura de cuidados médicos (Kasirye et al. 2004). Por conseguinte, é importante identificar os factores que determinam a procura de serviços de saúde. Como a área prioritária da política é a melhoria do estado de saúde da população, devemos investigar os diferentes factores que influenciam direta e indiretamente a procura de serviços de saúde. Ou seja, é necessário analisar a procura de serviços de saúde, identificando os factores que afectam as decisões dos indivíduos de procurar serviços de saúde e de escolher entre diferentes prestadores (Asteraye, 2002).

1.5 Objectivos do estudo

1.5.1 Objetivo geral

O objetivo geral do estudo é explorar os determinantes da procura de serviços de cuidados de saúde e mostrar as suas implicações na política de cuidados de saúde.

1.5.2 Objectivos específicos

❖ Avaliar os padrões de utilização dos serviços de saúde dos agregados familiares na cidade de Mekelle.

❖ Examinar os factores determinantes da procura de serviços de saúde.

❖ Explorar os factores que afectam a escolha das pessoas em relação a diferentes prestadores de cuidados de saúde.

❖ Estimar a elasticidade dos preços para ver até que ponto a procura de cuidados de saúde é sensível ao custo do tratamento.

1.6 Questões de investigação

De um modo geral, este estudo vai responder às seguintes questões.

> Quais são os principais factores determinantes da procura de tratamento médico por parte da sociedade?

> Que factores determinam a escolha dos utentes que procuram tratamento médico entre diferentes prestadores de serviços de saúde?

> Os comportamentos de procura de saúde são diferentes entre os pobres e os não pobres?

> Qual é o comportamento de procura de saúde de outros grupos socialmente vulneráveis, como as mulheres?

Ao responder às teses e questões relacionadas, o estudo forneceu implicações políticas que promovem a utilização dos cuidados de saúde na sociedade, o que é fundamental para criar uma sociedade saudável e produtiva.

1.7 Importância do estudo

A compreensão dos factores que determinam a procura de serviços de cuidados de saúde permitiria aos decisores políticos introduzir e aplicar mecanismos de incentivo adequados que poderiam ser utilizados para encorajar uma melhor utilização dos serviços de cuidados de saúde entre o grupo carenciado. Assim, este estudo pode contribuir com algumas conclusões que podem ajudar o organismo em causa a conceber uma política eficaz para o sistema de cuidados de saúde que permita uma melhor utilização dos serviços de saúde. Além disso, o estudo pode ter um papel significativo na orientação daqueles que pretendem realizar mais investigação sobre o assunto. Por conseguinte, este estudo pode servir como literatura adicional sobre a procura de cuidados de saúde. Este trabalho de investigação também pode sugerir algumas recomendações políticas importantes que podem ajudar os decisores políticos a conceber políticas que favoreçam os grupos vulneráveis da população. Em geral, o estudo pode ter uma importância significativa no fornecimento de informações com base nos objectivos declarados.

1.8 Âmbito do estudo

O estudo centrou-se na determinação dos factores que estão associados à decisão de procurar tratamento médico e à escolha dos prestadores de serviços de saúde em caso de doença, recolhendo amostras de agregados familiares da cidade de Mekelle, que é a capital do estado regional de Tigray. Por conseguinte, o estudo foi limitado aos agregados familiares inquiridos na cidade de Mekelle, onde os dados foram recolhidos para determinar os factores que afectam a procura de serviços de saúde por parte dos agregados familiares.

1.9 Limitações do estudo

Para esta análise empírica da procura de cuidados de saúde, utiliza-se a doença auto-declarada e a primeira consulta com os prestadores de cuidados de saúde. No entanto, a doença auto-declarada pode produzir resultados enviesados, uma vez que a percepção da doença pode ser diferente para indivíduos pobres e não pobres e a percepção de uma doença afecta a escolha de serviços e prestadores de cuidados de saúde. Os consumidores podem consultar mais do que um prestador para obter tratamento para o mesmo episódio; por conseguinte, a análise baseada na primeira visita ao prestador de cuidados de saúde pode não captar o complexo comportamento decisório das pessoas. Além disso, o estudo utilizou a qualidade percebida (qualidade subjectiva) dos cuidados de saúde, ou seja, a avaliação do consumidor sobre a qualidade relativa dos diferentes prestadores de cuidados de saúde, como indicador da qualidade do tratamento do prestador.

No entanto, os consumidores podem não ser capazes de avaliar os aspectos biomédicos e técnicos dos tratamentos modernos. Assim, pode não ser um indicador correcto da qualidade do tratamento. As generalizações e deduções que resultam deste estudo podem não ser indicativas de todo o país. Apesar destes problemas, foi feito o máximo esforço para obter a informação relevante e chegar a um melhor resultado e conclusão.

1.10 Área de estudo

O estudo foi efectuado na cidade de Mekelle, a capital do estado regional de Tigray. A cidade situa-se a 783 km de Adis Abeba, no norte da Etiópia. A população total da cidade está estimada em 273 mil pessoas, de acordo com o censo de 2007. Administrativamente, a cidade está dividida em sete subunidades administrativas, nomeadamente Hawelty, Hadnet, Ayder, Semean, Kedamayweyane, Adihaki e Quiha.

A cidade tem um hospital universitário de referência, dois hospitais gerais e nove centros de saúde pertencentes ao governo e cinco hospitais gerais, 48 clínicas (de nível inferior, médio e superior, incluindo clínicas dentárias e oftalmológicas especiais) pertencentes ao sector privado. Existem também 10 vendedores de medicamentos rurais, 43 lojas de medicamentos e 5 farmácias na cidade (relatório do gabinete de saúde da cidade de Mekelle, 2011).

Capítulo II
2. Revisão da literatura
2.1 Revisão teórica
2.1.1 Saúde

A saúde é uma das principais componentes do capital humano, que, nalguma literatura recente, é considerada como capital humano da saúde para a diferenciar do capital humano da educação. A Organização Mundial de Saúde (OMS), a principal agência das Nações Unidas (ONU) responsável pelas questões de saúde a nível mundial, definiu a saúde como "um estado de completo bem-estar físico, mental e social e não apenas a ausência de doenças e enfermidades" (OMS, 1947). Conceptualmente, ser saudável significa mais do que não ter doenças ou enfermidades, mas estar em harmonia consigo próprio e com o ambiente.

Espera-se que o capital humano no domínio da saúde tenha uma correlação positiva com outras formas de capital humano. Por exemplo, os indivíduos saudáveis são, em média, mais bem nutridos e mais instruídos do que os indivíduos com saúde fraca. Tanto a saúde como a educação aumentam a produtividade do trabalho, mas a única caraterística que diferencia a saúde da educação é que a saúde, ao reduzir o tempo passado na doença, aumenta a quantidade total de tempo disponível para a atividade produtiva e o lazer (Grossman, 1972).

1.1.2 Cuidados de saúde

Em termos conceptuais, a saúde e os cuidados de saúde são duas matérias distintas. A diferença básica entre saúde e cuidados de saúde reside no facto de os cuidados de saúde serem transaccionáveis nos mercados, enquanto a saúde não o é. No entanto, os mercados de cuidados de saúde são imperfeitos. A imperfeição resulta das caraterísticas especiais dos cuidados de saúde (Mwabu, 2007). Para mostrar a distinção entre a saúde e os cuidados de saúde, Arrow afirmou que "deve notar-se que o objeto de estudo é a *indústria dos cuidados médicos* e não *a saúde*" (Arrow, 1963, p. 940). A distinção é importante porque, no mundo real, só se observam mercados para os cuidados de saúde, mas não para a saúde.

2.1.3 A natureza da procura de cuidados de saúde

O quadro generalizado da análise do bem-estar pode ser formulado no âmbito da análise da procura do consumidor. De um modo geral, a análise da procura descreve a relação entre as quantidades de bens e serviços que se pretende adquirir e o nível de preços dos bens e serviços, assumindo que todos os outros factores determinantes são constantes. No entanto, o comportamento no mercado da saúde distingue-se pelos papéis cruciais que as necessidades físicas e os padrões do ciclo de vida desempenham na determinação da procura.

A decisão de consumo de cuidados de saúde resulta de circunstâncias como infecções, acidentes e gravidezes, e outros problemas de saúde. Outras razões para as decisões de consumo de cuidados médicos estão relacionadas com a idade e o género, incluindo o aparecimento de doenças degenerativas durante a vida, a imunização no início da vida e o risco de gravidez durante os anos férteis para as mulheres (Akin et al.1985). Devido a esta caraterística única, a procura de saúde (tanto preventiva como curativa) é uma "procura derivada". Esta caraterística única deve-se ao facto de a saúde não ser procurada apenas por si própria, mas também para ajudar os indivíduos a reduzir o tempo perdido devido a doença que, de outra forma, seria utilizado para trabalhos produtivos (Grossman, 1972).

A incidência de doenças, que constitui a principal razão para a prestação de cuidados médicos, é irregular e imprevisível, o que faz com que a procura de cuidados de saúde seja distinta da procura de outros produtos (Mwabu, 2007). De acordo com Mwabu, o consumo de cuidados de saúde, nomeadamente de cuidados preventivos, está sobretudo associado a externalidades positivas. Por exemplo, o tratamento de um doente com uma doença transmissível não beneficia apenas a pessoa tratada, mas também outras pessoas, porque estas ficam protegidas da exposição à doença. Esta pode ser uma das razões fundamentais para a subsidiação dos serviços de saúde nos vários países. Na maioria dos países com baixos rendimentos, os cuidados de saúde são normalmente prestados pelo governo gratuitamente ou a um preço muito baixo, ao passo que nos países industrializados são pagos através de seguros (Mwabu, 2007).

A procura de um determinado tipo de serviço de cuidados de saúde produzido por um determinado tipo de prestador é a quantidade desse serviço que as pessoas estão dispostas e são capazes de comprar em função das caraterísticas atribuídas aos consumidores e a todos os prestadores (Asteraye, 2002). Os indivíduos fazem escolhas em matéria de cuidados médicos. Decidem visitar um prestador de cuidados de saúde quando adoecem, se devem imunizar os seus filhos e também decidem com que frequência devem efetuar exames médicos. Por conseguinte, ao considerar os custos e os benefícios do consumo de cuidados de saúde, o indivíduo decide se deve ou não consultar os cuidados médicos. Esta decisão pode ser influenciada pela acumulação de conselhos de amigos, médicos e outros, medindo os riscos e benefícios esperados da consulta de diferentes serviços de saúde, entre outros.

Existem dois modelos alternativos para descrever a forma como os indivíduos fazem escolhas relativamente à utilização dos serviços de saúde e decisões conexas. A primeira abordagem considera a saúde como um dos vários bens sobre os quais os indivíduos têm preferências individuais bem definidas e utiliza a teoria ortodoxa do consumidor para investigar os factores determinantes da procura.

A segunda abordagem para analisar a escolha dos cuidados de saúde consistiu em utilizar um modelo intertemporal de decisões de consumo e em tratar a saúde como uma variável de stock num quadro de capital humano. Esta abordagem pressupõe que os cuidados de saúde são procurados na medida em que melhoram o stock de saúde e aumentam a produtividade. De facto, as abordagens originalmente pioneiras de Grossman (1972) num modelo em que a procura de serviços médicos não é o serviço em si, mas sim a procura de "boa saúde".

Nos países desenvolvidos, devido à existência de seguros, muitos serviços de saúde têm sido prestados a preços monetários nulos ou baixos, e o modelo padrão sugere que a procura deveria ser infinita ou, pelo menos, extremamente elevada. Esta pode ser a causa do excesso de procura por parte de alguns segurados, que é considerado um problema em muitas economias industriais. No entanto, no contexto dos países em desenvolvimento, a subutilização é geralmente mais preocupante e a falta de oferta em algumas zonas rurais é considerada a principal causa da subutilização. Mas mesmo quando as instalações de saúde estão disponíveis, a taxa de utilização tem sido baixa devido a diferentes barreiras do lado da procura, relacionadas com o custo financeiro do tratamento, o custo da deslocação e a qualidade dos serviços. Tendo em conta estes factores, os indivíduos podem escolher entre diferentes prestadores de cuidados de saúde, incluindo os cuidados de saúde públicos, os cuidados de saúde privados ou os curandeiros tradicionais, bem como a frequência com que os visitam. O conhecimento destes padrões de procura pode também permitir que os decisores políticos orientem os serviços de forma mais eficaz.

2.1.4 Determinantes da procura de serviços de saúde

Existem vários factores determinantes da procura de serviços de saúde. Na maior parte da literatura sobre cuidados de saúde, podemos constatar que as caraterísticas do agregado familiar, o rendimento e o preço dos serviços de saúde (custos diretos e indirectos dos cuidados) são os principais determinantes da procura de cuidados de saúde. Na maioria dos estudos, estas variáveis são analisadas como económicas, demográficas e de perceção da necessidade de cuidados de saúde (Tesfaye, 2003).

2.1.4.1 Determinantes económicos

As variáveis económicas incluem os custos diretos e indirectos do tratamento e o rendimento do agregado familiar. Os custos diretos do tratamento incluem o dinheiro pago pelo registo, exame médico, medicamentos e transporte. Os custos indirectos são o custo de oportunidade da deslocação e o tempo de espera (geralmente referido como barreira ao acesso) para obter o serviço necessário.

Na maior parte da literatura sobre cuidados de saúde, podemos constatar que o preço do tratamento é um importante fator determinante da procura de serviços de saúde. Teoricamente, se tudo o resto se mantiver igual, o preço do tratamento (o custo direto do tratamento) deve funcionar como um importante fator determinante da utilização dos serviços de saúde. Para um indivíduo com um determinado estado de saúde, a alteração do preço dos cuidados médicos afectaria a sua procura de cuidados de saúde ou de outros bens, e provavelmente ambos. Um aumento do preço dos serviços de cuidados de saúde poderia resultar numa redução de pelo menos um dos dois bens (consumo de cuidados de saúde ou consumo de outros bens) ou em ambos. Se a utilização de cuidados médicos não for reactiva à variação de preços - ou seja, se tiver uma elasticidade de preços próxima de zero - a variação de preços não afecta a procura de cuidados médicos. Numa situação em que os cuidados médicos são inelásticos em relação ao preço, um aumento do preço dos serviços de cuidados médicos conduz a uma redução relativa do consumo de serviços de cuidados não médicos (redução do consumo de outros bens). No entanto, numa situação de elevada elasticidade-preço da procura de serviços de cuidados médicos, verifica-se uma queda proporcional da procura de serviços de cuidados médicos, não se registando praticamente qualquer efeito na procura de outros consumos. Na maioria dos trabalhos empíricos realizados no terceiro mundo, as aplicações da análise da procura chegaram à conclusão de que o bem-estar agregado dos consumidores seria reduzido com a imposição de taxas de utilização, sendo o ónus da perda suportado pelos pobres, embora essas taxas fossem úteis para gerar receitas (Gupta & Dasgupta, 2002).

O segundo fator de custo é o custo associado à distância percorrida para obter o serviço. Teoricamente, se tudo o resto for igual, a disponibilidade física mais próxima dos prestadores de cuidados de saúde está associada a uma melhor utilização dos serviços médicos. Isto implica que o consumidor de serviços médicos valoriza normalmente o tempo gasto na deslocação de e para as unidades de saúde. A maior parte da literatura sobre a procura de cuidados de saúde conclui que a distância (o custo de oportunidade do tempo de deslocação) tem um impacto negativo na procura de cuidados de saúde.

O terceiro fator de custo é o custo de oportunidade do tempo de espera para aceder aos serviços médicos. Akin et al (1985) mostram que o tempo de espera não é um fator importante que determina a procura de cuidados de saúde. No entanto, numa situação em que o custo direto dos serviços médicos é muito baixo ou nulo, tem um papel significativo na determinação da procura de cuidados de saúde. Em contraste com o resultado de Akin et al (1985), Acton (1975:559-61), num estudo sobre a procura de cuidados de saúde, utilizando dados do Hospital Municipal de Nova Iorque, concluiu que o tempo de espera e o tempo de deslocação funcionam como preço e têm coeficientes negativos na equação da procura. Além disso, o estudo mostra que as pessoas que trabalham e as que têm um custo de oportunidade de tempo mais elevado exigem cuidados médicos menos intensivos em termos de tempo.

Outra variável económica importante que pode afetar a procura de cuidados de saúde é o rendimento do agregado familiar. Seguindo a teoria microeconómica padrão do comportamento do consumidor; em primeiro lugar, se a saúde tem sido um bem normal, para um indivíduo num determinado estado de saúde (ou seja, com um determinado valor de β), os cuidados de saúde também seriam normais. Ou seja, mantendo-se os outros factores iguais, um rendimento mais elevado leva a uma maior procura de serviços de saúde. É claro que se pode esperar que o rendimento e o estado de saúde, medido por β, estejam negativamente correlacionados, porque as pessoas com rendimentos mais elevados têm melhor acesso a água potável, habitação, saneamento, etc., pelo que a qualificação "mantendo-se os outros factores iguais" é importante.

2.1.4.2 Determinantes demográficos

Os factores demográficos, como a idade, o sexo, a dimensão da família e a estrutura familiar do agregado familiar, também deverão desempenhar um papel importante na procura de serviços de saúde. De acordo com Ching (1992), em muitas sociedades, a perceção de que as mulheres têm pouco valor económico no agregado familiar leva a que utilizem pouco os serviços de saúde. Levinson (1974) conclui que os agregados familiares afectam os escassos recursos alimentares e médicos às mulheres, a fim de assegurar uma alimentação adequada e uma boa saúde aos homens. No entanto, o apoio empírico é fraco e só foram detectadas diferenças marginais na utilização.

Para além do sexo, a idade do indivíduo pode também desempenhar um papel importante na procura de serviços de saúde. A incidência de doenças varia com a idade e, do mesmo modo, a necessidade de cuidados de saúde varia com a idade. A frequência da doença pode aumentar com a presença de crianças e idosos, o que, por sua vez, aumenta a utilização dos serviços de saúde. Teoricamente, existe uma relação em forma de U entre a idade e a procura de cuidados de saúde (Akin et al, 1985:92). Ou seja, seria de esperar que as crianças e os idosos tivessem um nível elevado de procura de cuidados de saúde porque as crianças são susceptíveis a doenças infecciosas (devido ao sistema imunológico imaturo) e a doenças degenerativas que são comuns na velhice. Mas este tipo de relação entre a idade e a procura de cuidados de saúde não tem qualquer significado económico, exceto na medida em que os muito jovens e os muito idosos são dependentes de outras pessoas e exigem mais cuidados médicos do que outros grupos devido a factores biológicos.

A dimensão do agregado familiar é outra caraterística demográfica que pode explicar a procura de serviços de saúde. Teoricamente, pode não ser possível determinar o efeito da dimensão do agregado familiar na procura de cuidados de saúde ou na escolha dos prestadores de cuidados de saúde. Isto porque, por um lado, num agregado familiar maior, os recursos são partilhados com mais pessoas, o que pode diminuir o nível de nutrição de cada membro e reduzir o consumo de cuidados de saúde por pessoa. Por outro lado, as famílias mais numerosas podem fornecer mais adultos e crianças mais velhas que podem complementar o rendimento do agregado familiar, o que aliviará a restrição de recursos e poderá aumentar a procura de serviços médicos.

A estrutura do agregado familiar, enquanto variável demográfica, pode também ter um papel importante na procura de cuidados de saúde. O grau relativo de autoridade da mãe pode afetar a atenção prestada aos cuidados maternos e infantis, bem como o montante das despesas com os cuidados de saúde, em comparação com o custo de oportunidade da mãe de utilizar os serviços de saúde. Existem muito poucos dados disponíveis sobre o efeito da estrutura familiar na procura de cuidados de saúde. Akin et al (1985) concluíram que a estrutura familiar tem pouco efeito sobre a procura de cuidados de saúde.

2.1.4.3 Perceção dos factores determinantes das necessidades

A perceção da necessidade de cuidados de saúde inclui a perceção do indivíduo sobre a utilidade dos tratamentos médicos modernos, a gravidade da doença e a qualidade dos prestadores de cuidados de saúde. A perceção da necessidade de cuidados de saúde pode ser influenciada pela educação e pelas crenças culturais dos indivíduos e das famílias (Tesfaye, 2003).

Ao nível do prestador de cuidados de saúde, a qualidade dos cuidados de saúde é considerada um dos principais factores determinantes da escolha do prestador de cuidados de saúde. A qualidade dos cuidados de saúde que é percepcionada pelo indivíduo e que é definida pelo pessoal de saúde é bastante diferente (Tesfaye, 2003). De acordo com a definição de pessoal médico, Lavy e Germain (1994:11) propõem cinco grupos de medidas de qualidade, nomeadamente, o número de pessoal médico, a disponibilidade de medicamentos essenciais, um laboratório em funcionamento, eletricidade e água corrente. Utilizando estes factores como variáveis de qualidade, verificaram que a disponibilidade de medicamentos, as infra-estruturas, o bloco operatório e o pessoal médico são factores que têm um forte impacto positivo na procura de serviços médicos e na escolha dos prestadores de cuidados de saúde. Akin et (1995), utilizando o custo operacional per capita da unidade de saúde, as condições físicas observadas na unidade e a percentagem de medicamentos disponíveis durante todo o ano como indicadores da qualidade do tratamento, relatam um impacto significativo da qualidade na procura de cuidados de saúde. Mariko (2003), utilizando a disponibilidade de medicamentos, pessoal qualificado, processo de tratamento e disponibilidade de um laboratório em funcionamento como indicador da qualidade do tratamento, refere um impacto positivo destas variáveis na procura de cuidados de saúde e, em particular, a disponibilidade de medicamentos e o processo de tratamento como os dois principais factores significativos.

A melhoria da qualidade pode aumentar a procura de cuidados médicos, atraindo novos utentes ou aumentando a intensidade da utilização dos serviços pelos utentes existentes. Um pessoal mal formado ou com níveis insuficientes de pessoal e um fornecimento inadequado de medicamentos podem inibir a utilização dos cuidados, mesmo que os serviços sejam acessíveis. (Kasirye et al, 2004). Como citado por Kasirye et al, uma análise de mais de 50 experiências de taxas de utilização em África mostrou que a utilização dos serviços de saúde aumentava quando a qualidade era melhorada e diminuía quando a qualidade se deteriorava (Wills, 1993).

No que respeita à perceção da utilidade do tratamento médico, esta pode depender da capacidade psicológica, cultural e de processamento de informação do indivíduo. Devido a estes factores, em muitos países em vias de desenvolvimento, pode ser dada pouca atenção à doença, porque quase toda a gente sofre de algum tipo de perturbação. Além disso, a maioria da população sofre de má nutrição e de exposição a doenças parasitárias, e pode ser difícil determinar quando é que uma pessoa está suficientemente doente para ser rotulada de "doente". Messing (1970) descreveu que na Etiópia rural a definição comum de "doente" é quando uma pessoa se deve deitar e descansar durante o dia (Tesfaye, 2003).

O nível de educação de um indivíduo desempenha um papel significativo na tomada de decisões relativamente à procura de cuidados de saúde. A educação do indivíduo pode também afetar a procura de cuidados de saúde e a escolha dos prestadores de cuidados de saúde, influenciando a perceção do indivíduo em relação aos cuidados de saúde. A teoria da produção doméstica considera a educação como uma mudança técnica. É vista como permitindo produzir mais a partir de um determinado conjunto de factores de produção. Welch (1970) afirma que as famílias instruídas têm bons conhecimentos sobre a importância do saneamento, da água potável e de uma dieta equilibrada e são mais eficientes na realização das actividades domésticas. Assim, são mais eficientes na produção de saúde e têm mais probabilidades de evitar tratamentos médicos modernos do que as famílias analfabetas. No entanto, há outro argumento que afirma que as famílias instruídas não só serão mais saudáveis como também terão tempo e vontade de utilizar os serviços de saúde devido ao conhecimento dos tratamentos modernos e dos seus benefícios (Tesfaye, 2003).

2.2 Modelo e metodologias da procura de cuidados de saúde

Os mercados de cuidados de saúde distinguem-se de outros tipos de mercados e actividades de consumo principalmente com base no papel que a necessidade física desempenha na determinação da procura de serviços de cuidados de saúde. Além disso, circunstâncias como acidentes, gravidezes e infecções tendem a ditar a decisão do consumidor nos mercados de cuidados de saúde. Além disso, existe frequentemente uma lacuna de informação entre os fornecedores e os consumidores de serviços médicos, a subvenção dos serviços médicos e o padrão do ciclo de vida das necessidades de saúde podem afetar o consumo de serviços médicos. A modelização dos efeitos destas variáveis na procura de cuidados de saúde tem sido desenvolvida ao longo dos anos e esta secção procura analisar alguns modelos selecionados de procura de cuidados de saúde.

2.2.1 Modelo de capital humano de Grossman para a procura de cuidados de saúde (modelo de utilidade intertemporal)

A procura de saúde é um dos temas mais importantes da Economia da Saúde. O modelo mais reconhecido da procura de saúde e do investimento em saúde (e.g., cuidados médicos) surge de Grossman (1972a, 1972b, 2000) e as extensões teóricas e modelos económicos concorrentes são ainda relativamente escassos (Galama, 2011).

Grossman (1972) introduziu um modelo de capital humano, utilizando a teoria da produção doméstica que trata a procura de serviços médicos como uma atividade de investimento e de consumo. No quadro do capital humano de Grossman, os indivíduos procuram cuidados médicos (por exemplo, investem tempo e consomem bens e serviços médicos) pelos benefícios de consumo (a saúde proporciona utilidade), bem como pelos benefícios de produção (os indivíduos saudáveis têm maiores rendimentos) que a boa saúde proporciona. O modelo fornece um quadro concetual para a interpretação da procura de cuidados de saúde e médicos em relação às restrições de recursos, preferências e necessidades de consumo de um indivíduo ao longo do ciclo de vida. O modelo introduziu, pela primeira vez, o conceito de que os consumidores não procuram cuidados médicos em si, mas que se trata de uma procura derivada gerada pela procura de saúde (Adhikari, 2011)

Como bem de consumo, os cuidados de saúde fazem com que o consumidor se sinta melhor, pelo que entram diretamente na sua função de preferência; e como bem de investimento, o estado de saúde determina a quantidade de tempo de trabalho e de lazer disponível para os consumidores. Quanto menor for o número de dias de doença, maior será o tempo disponível para o trabalho e o lazer. Por conseguinte, o retorno do investimento na saúde é o valor monetário do número de dias de doença. Assim, pode concluir-se que a procura de serviços médicos não é um serviço em si, mas sim a procura de "boa saúde".

O modelo de Grossman é dado por:

$$\text{Max } U = U(\Phi_o H_o, \ldots, \Phi_n H_n, Z_o, \ldots, Z_n)$$
$$\text{s.t} \Sigma i \left[P_i M_i + F_i X_i + W_i(TH_i + T_i + TL_i) \right] = \Sigma \left[W_i \Omega (1+r)i^{-1} \right] + A_o$$

Dadas as relações de produção das famílias:

a) $H_{i+1} - H_i = I_i - \delta_i H_i$
b) $I_i(M_i, TH_i, E_i)$
c) $Z_i = Z_i(X_i, T_i, E_i)$

Onde:

Io - Stock inicial de capital de saúde

Ii - Stock de saúde no i-ésimo período de tempo

Φ_i- Fluxo de serviços por unidade de capital de saúde no período de tempo i^{th} (dias saudáveis)

Zi - Consumo total de outro produto no i-ésimo período de tempo

Pi -Preço dos cuidados médicos

Mi -Quantidade de cuidados médicos

Fi- Preço dos bens de mercado utilizados na produção de Zi

Xi - Bens de mercado utilizados na produção de Zi

Wi - Taxa de salário

Ti -Tempo utilizado na produção de outros bens

r- Taxa de juro

Ω = TWi + THi + Ti + TLi -tempo total disponível no período i

Duas horas de trabalho

THi -Tempo utilizado na produção de saúde

TLi- Tempo perdido por motivo de doença

Ao - Rendimento predial atualizado ou ativo inicial

Ii - Investimento bruto na saúde

δ_i - A taxa de depreciação do stock de saúde

Ei -Stock de capital humano

De acordo com este modelo, a escolha do indivíduo consiste em efetuar um investimento adicional na saúde utilizando o seu próprio tempo, o seu capital humano e os cuidados médicos adquiridos no mercado e outros bens que proporcionam prazer. Além disso, a escolha é também afetada pela depreciação do stock de saúde. Por esta razão, o stock de saúde só aumenta de um período para o outro se os investimentos anuais excederem a depreciação anual.

A partir do modelo, Grossman deduziu as seguintes relações: O custo marginal do investimento em saúde, que deve ser igual à taxa marginal de retorno dos investimentos, ou seja

$$\sigma_i + \alpha_i = r - \Pi_{i-1}$$

Onde:

σi - Taxa marginal de rendibilidade monetária de um investimento na saúde (rendibilidade pecuniária)

αi - Rendimento psíquico marginal da melhoria da saúde (rendimento do consumo)

r - Taxa de juro perdida ao investir em capital de saúde em vez de outros activos

Π_{i-1} - Variação percentual do custo marginal do investimento em saúde do último período para o período atual

δ_i- Taxa de depreciação do stock de saúde

σ + $α_{ii}$ - Taxa total de rendibilidade dos investimentos na saúde

r - Π_{i-1} + δ_i - o custo de utilização do capital de saúde em termos do preço do investimento bruto.

Se αi=0, não se obtém qualquer utilidade dos cuidados médicos e estes podem ser tratados como um bem de investimento. Utilizando esta condição, Grossman trata separadamente os aspectos de consumo e de investimento dos cuidados médicos.

De acordo com o modelo de investimento, quando αi=0, todos os retornos da saúde provêm do retorno pecuniário causado por mais dias saudáveis; não há retorno psíquico para uma melhor saúde. No entanto, segundo o modelo de consumo, quando σi =0, a rendibilidade marginal dos dias saudáveis deve-se apenas aos benefícios psíquicos. Os investimentos em capital de saúde, segundo este modelo, dependem da preferência pela saúde atual ou futura.

Grossman investigou o efeito da idade, do rendimento e da educação tanto na procura de capital de saúde como na procura derivada de cuidados médicos. O autor parte da hipótese de que a procura de capital de saúde está negativamente relacionada com a idade, positivamente relacionada com as taxas salariais e com a educação. Por outro lado, a procura de serviços médicos produzidos no mercado está positivamente relacionada com a idade, a taxa de salário e a educação.

As vantagens do modelo de Grossman são o facto de nos permitir estudar o efeito de variáveis demográficas como a idade e a educação sem assumir que estas variáveis estão positiva ou negativamente correlacionadas com o gosto dos consumidores pela saúde. Dá também a ideia de que a procura de cuidados médicos deriva da procura de boa saúde. O modelo tem também a sua própria desvantagem, na medida em que pressupõe uma certeza absoluta. No entanto, as pessoas geralmente não sabem como o seu estado de saúde pode ser afetado pelo que consomem e praticam. Para além disso, o autor mede a necessidade (doença) pelo nível da taxa de depreciação, que aumenta com a idade. Mas isto contradiz a noção de senso comum de que o estado de saúde flutua muito ao longo da vida.

2.2.2 Modelo de maximização da utilidade de Acton para a procura de cuidados de saúde (modelo de utilidade ortodoxo)

A procura de cuidados médicos em resposta a uma dada incidência de doença ou lesão pode ser modelada em termos da escolha do prestador de cuidados de saúde entre os prestadores. Por exemplo, esta escolha pode ser entre cuidados públicos, privados ou não prestados. Este tipo de análise é muito importante, sobretudo para os cuidados curativos. A especificação empírica para este tipo de modelo parte de um modelo comportamental de maximização da utilidade. Neste caso, a utilidade depende da saúde e do consumo de todos os outros bens, exceto os cuidados de saúde. Ao sofrer uma doença, supõe-se que um indivíduo escolhe entre várias alternativas de tratamento (incluindo a alternativa de não tratamento) de modo a maximizar a utilidade total sujeita à sua restrição orçamental.

Na década de 1980, foram envidados alguns esforços para estimar a procura de cuidados médicos no âmbito da série Living Standards Measurement Survey (LSMS) do Banco Mundial, para muitos países do mundo em desenvolvimento (Gupta & Dasgupta, 2002). A utilidade que um indivíduo retira de um aumento do seu estado de saúde foi modelada como uma função das opções disponíveis para o indivíduo e de um vetor de caraterísticas individuais. Esta literatura centrava-se sobretudo no papel desempenhado por um certo número de factores na determinação da eficácia dos cuidados médicos ou do seu impacto potencial na saúde. Estes factores incluíam o efeito dos custos monetários e dos custos não monetários, como o tempo de deslocação e o tempo de espera no acesso às unidades de saúde, que eram considerados como um indicador da qualidade de uma determinada unidade ou opção de prestador (Gupta & Dasgupta, 2002).

Acton (1975) derivou a procura da maximização da função de utilidade do indivíduo, que depende do consumo de serviços médicos e de outros bens de consumo sujeitos a restrições de tempo e de orçamento. O modelo de Acton tem a seguinte forma:

Max $U=U(m, x)$ Subject to: $(p + wt)m + (q + ws)x \leq Y = y + wT$

Onde:

p- Preço monetário por unidade de serviços médicos

m - Serviços médicos

x- Produtos compostos

t- Preço por unidade de serviços médicos q- Preço monetário por unidade de outros bens s- Preço por unidade de outros bens w- Taxa de salário por hora

Y-Rendimento total (ganho, não ganho e custo de oportunidade da produção doméstica) y-

Rendimento não ganho

T-Tempo total disponível para trabalho no mercado e produção própria

O modelo de Acton centra-se no papel dos custos de tempo como dispositivo de racionamento quando os seguros ou subsídios reduzem a zero os custos diretos dos cuidados médicos. O autor obteve estatísticas comparativas para o custo do tempo e do dinheiro. As estatísticas comparativas mostram que os utilizadores de serviços médicos gratuitos serão mais sensíveis aos requisitos de tempo (tempo de espera e de deslocação) do que os utilizadores que pagam pelos serviços médicos. Para além disso, a análise mostra que, quando os consumidores consideram os serviços médicos como um bem normal, o efeito do rendimento não auferido tem um efeito positivo, ao passo que o rendimento auferido tem um impacto negativo na procura de serviços médicos. Isto deve-se ao facto de, no caso do rendimento não auferido, as pessoas com rendimentos mais elevados comprarem mais bens normais. No caso do rendimento do trabalho, porém, o aumento dos salários aumenta o rendimento e o custo de oportunidade do tempo, o que aumenta a componente do custo do tempo das actividades de consumo. Consequentemente, os bens ou serviços que requerem um dispêndio de tempo relativamente grande para serem consumidos tornam-se mais caros e, por conseguinte, são substituídos por outros bens e serviços que requerem pouco tempo.

A vantagem do modelo de Acton é a sua simplicidade, ao passo que a sua desvantagem reside no facto de ignorar o papel das necessidades de saúde e das variáveis demográficas. Para além disso, a inclusão do tempo não é lógica, uma vez que não está de acordo com a teoria da produção do agregado familiar, onde o tempo entra na restrição orçamental, uma vez que o agregado familiar é visto como uma unidade de produção, que combina o seu próprio tempo com bens comprados no mercado para produzir bens que dão prazer. No entanto, no modelo de Acton, em que o indivíduo (e não a família) retira prazer diretamente do consumo de serviços médicos, o consumo tem de ser uma atividade de lazer e, por conseguinte, o tempo deve ter um custo zero.

2.2.3 Logit multinomial vs. logit aninhado

É utilizada uma especificação logit multinomial para estimar um modelo que envolve mais de duas escolhas alternativas. Em comparação com qualquer outro modelo (como o probit multinomial), o modelo logit multinomial oferece viabilidade computacional, mesmo para alternativas relativamente grandes. No entanto, esta viabilidade é obtida assumindo que as alternativas são mutuamente excludentes ou independentes entre si. Por conseguinte, no caso de algumas alternativas serem mais semelhantes do que outras, o modelo produz uma previsão incorrecta. Por exemplo, no famoso exemplo de McFadden "autocarro vermelho/autocarro azul", a não consideração das caraterísticas semelhantes dos autocarros resulta numa previsão errada da redução provável da utilização do automóvel quando é introduzida uma nova alternativa de transporte - um autocarro azul (Hofffman e Duncan, 1988).

Por este facto, a caraterística única do modelo logit multinomial, nomeadamente a Independência das Alternativas Irrelevantes (IIA), é considerada restritiva (Wooldridge e Imbens, 2007). A propriedade IIA pressupõe que todos os subgrupos alternativos são mutuamente exclusivos e que as elasticidades cruzadas dos preços são constantes nos subgrupos, pelo que conduz a uma previsão enviesada. Existem três abordagens alternativas para flexibilizar este pressuposto. Goldberg (1995) utilizou modelos logit aninhados para lidar com este problema. As outras duas abordagens são o probit multinomial e o logit de efeito fixo ou misto.

Para compreender a diferença entre logit multinomial e logit aninhado, vejamos o famoso exemplo de McFadden sobre o autocarro azul e o autocarro vermelho. Suponhamos que existem três opções no início: deslocar-se de carro, de autocarro vermelho ou de autocarro azul. Se partirmos do princípio de que os dois autocarros são semelhantes, exceto no que se refere à sua cor, numa situação normal, parece razoável supor que as pessoas têm preferência entre carros e autocarros. Isto implica que as pessoas são indiferentes entre o autocarro azul e o vermelho, mas a sua preferência é diferente entre o carro e o autocarro vermelho. Isto poderia ser captado assumindo que Ui, autocarro vermelho = Ui, autocarro azul, sendo a escolha entre o autocarro azul e o vermelho aleatória, em que u é a utilidade do indivíduo. Isto implica que o rácio entre a probabilidade condicional de se deslocar de automóvel e a de se deslocar de autocarro vermelho seria diferente da mesma probabilidade condicional se não existisse o autocarro azul. Se o autocarro azul estiver fora do mercado por alguma razão, todos os actuais utilizadores do autocarro azul passarão a utilizar o autocarro vermelho e não o automóvel.

Por esta razão, o rácio da probabilidade condicional pode não se manter constante com a presença ou ausência de algumas alternativas. O modelo logit multinomial não permite este tipo de padrão de substituição. Por outras palavras, o modelo logit multinomial gera padrões de substituição irrealistas entre alternativas (Wooldridge e Imbens, 2007).

Podemos exprimir a utilidade latente definida com a utilidade para o indivíduo i e a escolha j igual a

$Uij = X\,'ij + \varepsilon ij$ Onde X covariáveis que variam consoante a escolha, ε factores não observados, e u

é a utilidade.

O modelo logit multinomial baseia-se no pressuposto de que os εij são independentes com distribuições de valores extremos e este pressuposto resulta na propriedade IIA. No entanto, este pressuposto nem sempre é válido, porque existem outros pressupostos de distribuição para os factores não observados. Por exemplo, com erros normais, não obteríamos exatamente IIA, mas algo muito próximo disso. A solução consiste em permitir algum tipo de correlação entre as componentes não observadas na representação da utilidade latente. No caso de um conjunto de escolhas que contém várias alternativas semelhantes, devemos permitir que as utilidades latentes dessas escolhas sejam iguais ou, pelo menos, muito próximas. Para tal, a componente não observada das utilidades latentes teria de estar altamente correlacionada para essas escolhas (Wooldridge e Imbens, 2007).

Um desses modelos sem AII é o modelo logit aninhado, em que o investigador agrupa conjuntos de escolhas que são mais substituíveis do que outras. Na versão simples, com uma única camada de ninhos, isto permite uma correlação diferente de zero entre as componentes não observadas das escolhas dentro de um ninho e mantém uma correlação zero entre as componentes não observadas das escolhas em ninhos diferentes (Train, 2003). O modelo logit aninhado permite a correlação entre as escolhas que são semelhantes, agrupando-as no mesmo ninho. Por exemplo, o modelo logit aninhado poderia captar o exemplo do autocarro azul/autocarro vermelho criando dois ninhos, o primeiro B1 = {autocarro vermelho, autocarro azul}, e o segundo B2 = {carro}. Existem duas alternativas para estimar este modelo. Como é que se estimam estes modelos? A primeira abordagem consiste em construir a verosimilhança logarítmica e maximizá-la diretamente.

Isto é complicado, especialmente porque a função de verosimilhança logarítmica não é côncava, mas não é impossível. Uma alternativa mais fácil é utilizar diretamente a estrutura de aninhamento/estimador em duas etapas (Wooldridge e Imbens, 2007).

2.3 Análises empíricas

William H. Dow (1995 & 1996) calcula as elasticidades condicionais e incondicionais da procura para a Costa do Marfim. Com base no seu estudo, defende que as estimativas condicionais podem ser vistas apenas como efeitos a curto prazo, enquanto que, para captar o efeito a longo prazo, sugeriu que é mais adequado calcular elasticidades incondicionais da procura que prestem atenção tanto às pessoas saudáveis como às doentes. Segundo Dow, as pessoas saudáveis não são normalmente tidas em conta quando se analisam os factores de produção de cuidados de saúde curativos. Mas esta abordagem não tem em conta a capacidade das pessoas para afetar a sua probabilidade de adoecer e pode ter efeitos negativos nas análises do bem-estar. Além disso, as estimativas condicionais podem ser distorcidas tanto pela seleção da amostra como pela autoavaliação do estado de saúde. No entanto, em dados da Costa do Marfim, Dow descobriu que as estimativas habituais da procura condicional não sofrem de enviesamento de seleção. A implicação deste estudo é que as estimativas da procura condicionadas pela doença atual podem não sofrer de enviesamento de seleção, mas só podem ser interpretadas como efeitos a curto prazo.

Um estudo efectuado por Hidayat (2008) examinou os efeitos dos seguros de saúde na procura de cuidados de saúde na Indonésia, com base em amostras incondicionais e condicionais de doença, e comparou os resultados. Os resultados mostraram que tanto as estimativas incondicionais como as condicionais têm os mesmos resultados em termos da direção das variáveis mais explicativas. Os efeitos de magnitude dos seguros na procura de cuidados de saúde são cerca de 7,5% (prestadores públicos) e 20% (prestadores privados) mais elevados para as estimativas incondicionais do que para as condicionais. Os resultados confirmam que os seguros de saúde têm um efeito positivo na procura de cuidados de saúde, sendo o efeito mais elevado registado no grupo de rendimento mais baixo.

Além disso, o investigador concluiu que as estimativas condicionais não sofrem de enviesamento de seleção estatística. A principal lição a retirar deste estudo é que a escolha entre estimativas condicionais ou incondicionais da procura depende do objetivo do estudo em questão.

Um artigo de Mwabu et al, (2004) desenvolveu um modelo de procura de consultas externas de saúde utilizando dados do Quénia rural. Modelaram separadamente a probabilidade de declarar uma doença, a probabilidade de consultar um tratamento, a escolha de um prestador de cuidados de saúde e a escolha da forma de obter um prestador. O estudo tinha tentado separar a probabilidade de doença da probabilidade de consultar o tratamento. O estudo revelou diferenças significativas entre os dois efeitos, sendo a probabilidade de declarar uma doença mais afetada pelas variáveis demográficas do que a decisão de procurar tratamento. Este estudo também concluiu que a qualidade dos prestadores de serviços desempenha um papel importante na escolha dos prestadores de cuidados de saúde. Além disso, o modelo estimado por Mwabu et al. demonstrou que a taxa de utilização desempenha um papel importante na melhoria da qualidade dos prestadores de cuidados de saúde, passando de um dispensário para um centro de saúde. A implicação geral deste modelo é que a probabilidade de comunicar uma doença, a probabilidade de consultar um tratamento, a escolha de um prestador de cuidados de saúde e a escolha da forma de obter um prestador estão inter-relacionadas.

Sahn et al. (2002), no seu estudo realizado nas zonas rurais da Tanzânia, concluíram que a qualidade é um fator determinante importante da procura de cuidados de saúde. A procura de cuidados de saúde aumentará se as pessoas tiverem a possibilidade de aceder a serviços de saúde de melhor qualidade. O seu estudo concluiu igualmente que a procura de cuidados de saúde nas zonas rurais da Tanzânia é altamente elástica em relação ao preço dos cuidados de saúde, sendo esta elasticidade maior nos grupos com rendimentos mais baixos. Além disso, este trabalho de investigação concluiu que existe um elevado grau de substituição entre os cuidados de saúde públicos e privados. A lição política deste trabalho é que, embora as taxas moderadoras sejam regressivas, o elevado grau de substituição entre os cuidados de saúde públicos e privados levará a que uma pequena percentagem de pessoas opte pelos cuidados autónomos em resposta ao aumento das taxas moderadoras num dos prestadores. No entanto, a principal limitação deste estudo é a ausência de algumas variáveis importantes, como o custo direto do tratamento. As elasticidades foram calculadas com base apenas nos custos indirectos dos tratamentos médicos.

O estudo realizado na Costa do Marfim para explicar a razão do declínio da utilização dos cuidados de saúde foi conduzido por Alimatou (2011). Para determinar as variáveis explicativas que afectam a escolha entre os prestadores de cuidados de saúde, utilizou o modelo logit multinomial. Os resultados mostram que o nível de educação do chefe do agregado familiar, o rendimento do agregado familiar, o custo do tratamento e o tempo para chegar ao prestador de cuidados de saúde (como proxy da distância a um prestador de cuidados de saúde) determinam a escolha de um prestador de cuidados de saúde específico. O nível de educação e o rendimento influenciam positivamente esta escolha, enquanto o custo da medicação e o tempo para chegar ao prestador influenciam negativamente a escolha do prestador de cuidados de saúde. Como esta investigação também utilizou o modelo logit multinomial, não teve em conta a correlação entre as alternativas de cuidados modernos.

Um estudo efectuado por Tesfaye (2003) sobre a procura de cuidados curativos na cidade de Jimma concluiu que o nível de saúde, o número de filhos no agregado familiar e a utilidade máxima esperada dos prestadores de cuidados de saúde são determinantes significativos da procura de tratamento médico moderno. Exceto a primeira, todas as variáveis têm um efeito positivo na procura de tratamentos médicos modernos. Com base neste estudo, os resultados estimados da escolha do prestador de cuidados de saúde indicam que o consumo, o consumo ao quadrado, a idade do doente e a perceção da qualidade dos tratamentos são factores importantes que afectam a procura de cuidados de saúde curativos.

Todas as variáveis acima referidas, exceto a qualidade percebida do tratamento, têm o mesmo efeito negativo na procura dos hospitais públicos e dos prestadores de cuidados de saúde privados. A qualidade percebida do tratamento tem um efeito positivo na procura de cuidados de saúde curativos, embora o seu efeito seja significativo apenas nos prestadores de cuidados de saúde privados. Além disso, o cálculo do arco de elasticidade do preço e do arco de elasticidade do tempo de espera indica que a procura de cuidados de saúde curativos é inelástica em relação ao preço. Este estudo indica ainda que os pobres são mais sensíveis ao tempo de espera e ao preço do que os ricos. O principal problema deste estudo foi a limitação metodológica. O estudo utilizou um NMLM estimado através de um estimador de máxima verosimilhança em duas etapas que não é assintoticamente eficiente como um estimador de máxima verosimilhança com informação completa.

Um estudo efectuado por Amarech (2007) examinou os factores determinantes da escolha do prestador de cuidados de saúde pelas famílias urbanas da Etiópia. Em particular, o estudo investigou o impacto das taxas de utilização na procura de cuidados de saúde por diferentes grupos socioeconómicos utilizando o modelo logit multinomial. Os resultados revelaram que as taxas moderadoras são regressivas, no sentido em que reduzem significativamente a procura de cuidados de saúde por parte dos pobres em relação aos mais abastados. Por outras palavras, é provável que um aumento das taxas de utilização afaste uma parte significativa dos agregados familiares mais pobres dos cuidados médicos. O estudo concluiu igualmente que os agregados familiares pobres pagam uma proporção significativamente maior do seu rendimento para os serviços de saúde do que os mais abastados. Este facto irá agravar a desigualdade existente no acesso aos serviços básicos de saúde. A principal implicação deste estudo é que, apesar de a taxa de utilização ter sido defendida como meio alternativo de financiamento dos cuidados de saúde na maioria dos países em desenvolvimento, o aumento da taxa de utilização pode afastar a população mais pobre do mercado dos cuidados de saúde, a menos que sejam utilizados alguns mecanismos de proteção. No entanto, a principal limitação deste estudo é o facto de ter utilizado um modelo logit multinomial que não tem em conta a correlação que se espera existir entre as alternativas modernas de cuidados de saúde.

Capítulo III

3. Conceção e metodologia da investigação

3.1 Fontes e tipos de dados

Os dados para este estudo foram principalmente primários e transversais, recolhidos de amostras de inquiridos da cidade de Mekelle através de um inquérito por amostragem aos agregados familiares. O inquérito foi realizado para captar as primeiras visitas de pacientes externos às unidades de saúde. Isto deve-se ao facto de os pacientes poderem visitar mais do que um prestador de cuidados de saúde para uma única incidência de doença. O questionário foi concebido para obter informações sobre as caraterísticas do agregado familiar e a perceção dos agregados familiares relativamente à saúde e aos prestadores de cuidados de saúde. O inquérito foi realizado durante o mês de fevereiro de 2013, durante uma semana. Para este inquérito, foram contratados cinco enumeradores e dois supervisores, que receberam formação adequada para lhes permitir compreender plenamente o objetivo do inquérito e o significado de cada pergunta.

3.2 Técnica de recolha de dados

Os dados primários utilizados para este estudo foram recolhidos através de um questionário estruturado junto dos inquiridos da cidade. O questionário concebido foi apresentado aos agregados familiares da amostra que sofreram doenças ou lesões durante o mês imediatamente anterior à entrevista. Por conseguinte, a análise incidiu sobre os indivíduos que sofreram doença. O período de um mês é utilizado como padrão na literatura sobre a procura de cuidados de saúde para recolher dados das pessoas que sofrem de doença.

3.3 Procedimento de amostragem

De acordo com o relatório do recenseamento de 2007, a cidade de Mekelle tem cerca de **273** mil habitantes e 72 mil agregados familiares (CSA, 2011). A amostra para o estudo foi concebida como uma amostragem aleatória simples em duas fases. Na primeira fase, foram selecionados os "kebeles" e depois os agregados familiares. Na primeira fase da amostragem, foram selecionados 3 "kebeles" dos 20 "kebeles" da cidade e, na segunda fase do processo de amostragem, foram selecionados 600 agregados familiares dos Kebeles selecionados. Do total de 600 agregados familiares, 188 (31,3%) referiram que pelo menos um membro do agregado familiar tinha sido vítima de doença ou ferimento nas quatro semanas anteriores ao inquérito. Uma vez que, em alguns agregados familiares, mais do que um membro do agregado familiar pode sofrer uma doença, este estudo baseia-se no membro do agregado familiar que sofreu uma doença ou lesão mais recentemente.

3.4 Especificação do modelo

O modelo utilizado para este estudo baseia-se no pressuposto de que um indivíduo consulta um prestador de cuidados de saúde na condição de ter comunicado uma doença (ferimento) durante os últimos 30 dias antes do inquérito. Para este estudo, é utilizado um modelo logit multinomial aninhado com três opções: não receber cuidados (incluindo auto-tratamento), receber cuidados num prestador público e receber cuidados num estabelecimento de saúde privado. A maioria dos estudos anteriores especificou este modelo como um logit multinomial (MNL).

No entanto, o modelo logit multinomial, tal como discutido em Maddala (1983), sofre da restrição da independência de pressupostos irrelevantes (IIA). A propriedade IIA pressupõe que nem todos os subgrupos alternativos estão correlacionados e que as elasticidades cruzadas dos preços são constantes em todos os subgrupos, pelo que conduz a estimativas enviesadas. Isto implica que o rácio das probabilidades de escolher uma alternativa em vez de outra não é afetado pela presença ou ausência de quaisquer alternativas adicionais no conjunto de escolha. A elasticidade cruzada é a mesma para todas as alternativas devido aos pressupostos do IIA. Por conseguinte, o MNL não é útil para estimar a elasticidade cruzada entre as alternativas. Estudos posteriores utilizaram especificações alternativas que não estão limitadas pela propriedade IIA, incluindo a multinomial probit e a multinomial logit aninhada (NMNL). No entanto, o probit multinomial continua a ser pouco popular devido às dificuldades envolvidas na estimação (Kasirye et al., 2004).

O modelo MNL foi desenvolvido com base no pressuposto de que as partes não observadas das funções de utilidade condicional não estão correlacionadas entre alternativas. McFadden (1981) sugere que, dado este pressuposto sobre a distribuição do termo de perturbação, as funções de procura terão a forma de logit multinomial aninhado (NMNL). O utilizador decide, em primeiro lugar, se procura ou não cuidados de saúde e, em seguida, decide, sob reserva da procura de cuidados de saúde, junto de que prestador. Por esta razão, a NMNL é mais geral do que a especificação logit multinomial (MNL) mais comummente utilizada, que se baseia no pressuposto de que a decisão de procurar cuidados entre quaisquer dois prestadores não depende das caraterísticas de qualquer outro prestador disponível. (Gupta & Dasgupta, 2002).

Este estudo seguiu o procedimento utilizado por Gertler et al. (1987), Mwabu et al. (1993) e Kasirye et al. (2004). Com base nestes trabalhos anteriores, a decisão de consultar um determinado prestador de cuidados de saúde é um problema de escolha discreta e a determinação da procura implica estimar a probabilidade de um determinado prestador de cuidados de saúde ser escolhido.

Seguindo este procedimento, a procura de saúde baseia-se no conceito de maximização da utilidade. Um indivíduo obtém utilidade do consumo de bens de saúde e de bens não relacionados com a saúde.

Se um membro de um agregado familiar sofre um acidente ou uma doença, o agregado familiar decide primeiro se procura ou não cuidados médicos. A vantagem do consumo de cuidados médicos é a melhoria da saúde e o custo dos cuidados médicos é uma redução do consumo de outros bens e serviços. Em segundo lugar, dependendo da decisão de procurar cuidados de saúde, um indivíduo deve escolher o tipo de prestador de cuidados de saúde a consultar a partir de um conjunto finito de alternativas com base na melhoria esperada da saúde e no custo incorrido na obtenção do tratamento. Os custos incluem o custo direto (pagamento em dinheiro pelo serviço, medicamentos e transporte) e o custo indireto (o custo de oportunidade da deslocação e o tempo de espera). Devido à diferença na qualidade do tratamento, a consulta de diferentes prestadores de cuidados de saúde tem efeitos diferentes na saúde de uma pessoa. Estes efeitos são função tanto do nível de qualidade fornecido pelo prestador de cuidados de saúde em causa como das caraterísticas individuais no momento da doença.

Dado o número de prestadores de cuidados de saúde, um indivíduo deve escolher um prestador que maximize a sua utilidade. A escolha de uma determinada alternativa proporciona um determinado nível de qualidade a um determinado custo. O custo pode ser direto, como o custo do tratamento, ou indireto, como o tempo de deslocação e o tempo de espera específicos do prestador escolhido. Dada a gravidade da doença de um indivíduo, o custo enfrentado num determinado prestador e o seu rendimento, ele consulta um determinado prestador que maximiza a utilidade. Assim, a utilidade de um indivíduo i[th] deriva do consumo de bens de saúde e não-saúde, na condição de escolher o prestador j[th] dado como:

$$(1) U_{ij} = U_{ij}(H_{ij}, C_{ij}; T_j)$$

Onde: H_{ji} - é a melhoria esperada da saúde do indivíduo i depois de receber tratamento do prestador j.

C_{ji} - consumo de bens não relacionados com a saúde possível depois de pagar o custo dos cuidados de saúde no prestador j[th] e

T_j - representa os custos individuais indirectos, tais como o tempo de deslocação, decorrentes da consulta do prestador j[th].

A melhoria do estado de saúde, H_{ij}, é função de caraterísticas individuais (como a idade, o sexo, o tipo de doença, o número de dias saudáveis e a educação), de factores ao nível do agregado familiar (como o rendimento, a dimensão ou a composição do agregado familiar e as caraterísticas socioeconómicas do chefe do agregado familiar, como o sexo), X_i; de factores específicos de um determinado prestador, como a disponibilidade de medicamentos e de pessoal de saúde qualificado, Q_j; e de caraterísticas de heterogeneidade não observáveis ao nível dos indivíduos, do agregado familiar e da unidade de saúde, ε_{ij}, que afectam a melhoria da saúde, o estado de saúde pode ser expresso da seguinte forma

$$(2)\ H_{ij} = h(X_i, Q_j) + \varepsilon_{ij}$$

Para a opção de não prestação de cuidados ou de auto-tratamento, H_{ij} é igual a zero, com base no pressuposto de que não há melhoria do estado de saúde para quem não procura cuidados. Por outro lado, o rendimento disponível detido pelo indivíduo i^{th} depois de consultar um prestador de cuidados de saúde é uma função do seu rendimento individual, Y_i; e do preço, p_j, que ele paga no prestador j^{th} representando tanto os custos diretos, como as taxas de utilização, como os custos indirectos, como a deslocação e o tempo de espera específicos, tal como expresso na equação (3). Para a opção sem cuidados, o preço pago é igual a zero e, por conseguinte, o consumo é igual ao rendimento.

$$(3)\ C_{ij} = c(Y_i - P_j)$$

Substituindo as equações (3) e (2) em (1), obtém-se uma função de utilidade condicional expressa em (4).

$$(4)\ U_{ij} = h_{ij}(x_i, Q_j) + c(Y - P_j) + \varepsilon_{ij}$$

A utilidade é ainda expressa da seguinte forma:

$$(5)\ U_{ij} = V_{ij} + \varepsilon_{ij}$$

Em que $V_{ij} = h_{ij}(x_i, Q_j) + c(Y_i - P_j)$ é a parte determinística da utilidade. O indivíduo i^{th} escolhe o prestador j^{th}, que produz o maior nível de satisfação, tendo em conta todas as alternativas, mesmo a opção de não receber cuidados ou de se auto-tratar. Um indivíduo escolherá a alternativa de cuidados privados, por exemplo, se a utilidade derivada desta alternativa exceder todas as outras opções.

Assumimos que $h_{ij}(x_i, Q_j)$ é *linear* em X_i e Q_j. Os vectores de coeficientes de X_i são designados por β_j e os de Q_j por α_j, podendo estes coeficientes variar consoante as opções. Por conseguinte, β e α são vectores de parâmetros a estimar. Por outro lado, é utilizada uma especificação empírica não linear de $c(Y_i - P_j)$ para evitar que a reatividade dos preços seja independente do rendimento (Gertler et al., 1987; Gertler & Van der Gaag, 1990). Este estudo adopta a forma funcional utilizada em Sahn et al. (2003) e Kasirye et al.(2004), tal como expressa na equação (6). Por outras palavras, a especificação empírica baseia-se numa função de utilidade semi-quadrática, que é linear na saúde e quadrática nos logaritmos do consumo de bens não relacionados com a saúde. Gertler e Van der Gaag (1990) mostram que, se a função de utilidade na Equação (1) for linear no estado de saúde e quadrática no consumo, é consistente com preferências bem ordenadas.

$$(6)\, c(Y_i - P_j) = \alpha_1 \times \ln(Y_i - P_j) + \alpha_2 \times [\ln(Y_i - P_j)]^2$$

onde se assume que os αs são iguais entre as opções de prestador. No entanto, a função C ($Y_{i\text{-}pj}$) será muito semelhante entre as opções, uma vez que os custos são pequenos em relação ao rendimento. Uma vez que isto complica a otimização, a função aproximada como:

$$c(Y_i - P_j) \approx \alpha_1 [\ln(Y_i) + \ln(1 - P_j/Y_i)] + \alpha_2 [\ln(Y_i) + \ln(1-(p_j/Y_i)]^2$$

$$c(Y_i - P_j) \approx \alpha_1 [\ln(Y_i) + \ln(1 - P_j/Y_i)] + \alpha_2 [\ln(Y_i)^2 + 2\ln(Y_i)\ln(1-(p_j/Y_i)) + \ln(1-(p_j/Y_i)]$$

$$(7)\, c(Y_i - P_j) \approx \alpha_1 [\ln(Y_i) - P_j/Y_i] + \alpha_2 [\ln(Y_i)^2 - 2\ln(Y_i)(p_j/Y_i)]$$

No entanto, $\ln(Y_i)$ e $\ln(Y_i)^2$ são constantes entre as opções de prestadores. Por outro lado, o logit identifica apenas a diferença de utilidades, V_{ij} - V_{i0}, em que V_{i0} é uma utilidade de referência, que neste caso se refere a não cuidados e que normalizamos para zero. Assim, depois de considerar a diferença de utilidades, obtemos:

$$(8)\quad V_{ij} - V_{i0} = \beta'X + \varphi'Q + \alpha_1(-p_j/Y_i) - \alpha[2\ln(Y_i)(P_j/Y_i)]$$

Em que V_{i0} é a utilidade de referência (utilidade de não receber cuidados), V_{ij} é a utilidade do prestador j, Q é a qualidade do prestador j e p é o custo do tratamento no prestador j.

3.5 Especificação empírica

Como já foi referido, as alternativas (variáveis dependentes) para este estudo são escolhas discretas, pelo que a determinação da procura de uma determinada alternativa implica estimar a probabilidade de um determinado prestador ou alternativa produzir a maior quantidade de utilidade. É utilizada a especificação logit multinomial aninhada, que permite a correlação de subgrupos de alternativas (por exemplo, entre prestadores de cuidados de saúde públicos e privados) e não a opção de base de não prestação de cuidados (auto-tratamento). Por exemplo, se o preço do prestador de cuidados de saúde privado aumentar, a procura deslocar-se-á mais do que proporcionalmente para o prestador de cuidados de saúde público. Com base neste pressuposto, este estudo centrou-se em três opções diferentes de cuidados de saúde, utilizando um ninho de dois níveis. Na condição de estarem doentes (feridos), os indivíduos escolhem entre não receber cuidados de saúde e receber cuidados formais. Quando são escolhidos os cuidados formais, o indivíduo enfrenta duas opções alternativas de prestador, nomeadamente os cuidados privados e os cuidados públicos, o que permite estimar as elasticidades cruzadas dos preços que variam consoante as escolhas.

O esquema de agrupamento para este estudo consistiu em reunir as alternativas de mercado (alternativas em cuidados formais) num único grupo, dado que são mais semelhantes entre si do que a opção de não prestação de cuidados. Se considerarmos estes dois níveis diferentes de uma árvore de escolha, a escolha de visitar um estabelecimento ou não está no nível um, e o tipo de estabelecimento a escolher está no segundo.

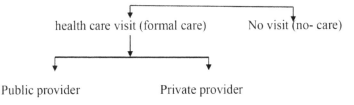

Figura 1 Estrutura de aninhamento

Com base nesta especificação empírica é possível atingir o objetivo de determinar a probabilidade de escolha de uma determinada alternativa de prestador de cuidados de saúde. A partir da expressão (6), a probabilidade de escolher um prestador de cuidados de saúde privado, por exemplo, será igual à probabilidade de a utilidade dos cuidados de saúde privados ser superior à utilidade dos cuidados de saúde públicos ou do auto-tratamento. Neste caso, a probabilidade de escolher j^{th} prestador é dada pela equação (9).

$$(9) \quad Pr\ (provider=j) = \frac{\exp\left(\frac{v_j}{\sigma}\right)\left[\sum_{k=2}^{K}\exp\left(\frac{v_k}{\sigma}\right)\right]^{\sigma-1}}{\left[\sum_{k}\exp\left(\frac{v_k}{\sigma}\right)\right]^{\sigma}}$$

Em que ; j indexa os ninhos de nível inferior (escolha do prestador), como o prestador privado; k indexa o ninho de nível superior (sem cuidados ou com cuidados); Vj é a utilidade indireta associada ao prestador j; Vk é a utilidade indireta associada ao ninho de nível superior; e σ é a medida do grau de independência na utilidade não observada entre as alternativas no ninho k. σ-1 é a correlação no termo de erro para os prestadores de cuidados de saúde privados e públicos (McFadden 1981).

Se σ для igual a um, isso implica que a correlação das perturbações dentro do grupo é zero e o modelo NMNL colapsará para o modelo MNL. Por outro lado, se σ for igual a zero, a correlação entre os termos dos erros dos grupos aninhados é igual a um. Por conseguinte, o parâmetro do valor inclusivo deve situar-se num intervalo unitário para ser consistente com uma maximização estável da utilidade (McFadden 1981, Maddala 1983, Greene1997). Os investigadores utilizam este parâmetro para testar se a estrutura de apalpação (aninhamento) do modelo é adequada. Se, por exemplo, σ se situar fora do intervalo de 0 e 1, isso implica que a estrutura de agrupamento é inadequada.

A probabilidade de procurar um tratamento médico moderno é expressa como

(10) $$p_m = \frac{\exp[v_m + (1-\sigma_m)I_m]}{\sum_{i=1}^{2}\exp[v_i + (1-\sigma_i)I_i]}$$

O valor inclusivo para a categoria de tratamento moderno expresso como;

(11) $$I_m = \ln(\sum_{j=1}^{2}\exp(z_j))$$

Onde: Pm é a probabilidade de procurar tratamento médico moderno; Vm é a utilidade associada ao tratamento moderno; (1-σm) mede o coeficiente de correlação dentro dos cuidados modernos; i representa a escolha entre cuidados e não cuidados; Vi utilidade associada aos cuidados modernos Vs não cuidados; Im valor do valor inclusivo nos cuidados modernos; e Zj são factores que afectam a decisão de escolha entre alternativas de cuidados modernos.

3.6 Problemas de estimativa

Como já foi referido, o modelo logit multinomial aninhado é geralmente utilizado para estimar um modelo comportamental como a procura de cuidados de saúde. Neste tipo de escolha discreta, a procura é a probabilidade de procurar diferentes tipos de cuidados em função da doença, tendo em conta as caraterísticas relevantes do indivíduo, do agregado familiar e do estabelecimento de saúde. Antes da análise econométrica, a análise descritiva foi apresentada e discutida para verificar a tendência da variável. O estudo também se preocupou em estimar a elasticidade dos preços para as principais variáveis políticas.

Há duas formas de estimar os parâmetros do modelo logit multinomial aninhado.

Trata-se da estimativa de máxima verosimilhança com informação completa (FIML) e do procedimento
em duas fases (máxima verosimilhança com informação limitada/LIML). O primeiro método estima simultaneamente os parâmetros dos factores determinantes da procura de tratamento médico e da escolha do prestador de cuidados de saúde. O segundo método utiliza a estimativa de máxima verosimilhança em duas fases e o procedimento envolve: primeiro, os parâmetros do ninho de nível inferior (escolha do prestador) e, em seguida, os parâmetros do ninho de nível superior (procura de cuidados modernos) estimados sequencialmente. No entanto, o método em duas etapas não é assintoticamente eficiente como estimador de máxima verosimilhança com informação completa (Green, 2003). Por conseguinte, este estudo utilizou a técnica de máxima verosimilhança com informação completa para estimar os coeficientes de ambos os níveis em simultâneo.

Outra questão importante para a estimativa é o facto de a amostra ter sido restringida às condições de declaração de doença nos 30 dias anteriores ao inquérito. No entanto, ainda não há acordo, uma vez que as evidências empíricas continuam a ser contraditórias. Por exemplo, enquanto Dow (1996) e Budi Hidayat (2008) não encontram qualquer problema estatístico na limitação da análise à condicional de doença, Akin et al. (1998) refere um problema de seletividade da amostra. Apesar disso, quase toda a literatura sobre a procura de cuidados de saúde apoia e estima a procura condicional (procura condicionada pelo facto de se estar doente/lesionado). A outra questão importante é o tratamento de uma observação em falta para alguma variável. Este estudo utilizou o valor médio baseado na observação não omissa para uma determinada variável.

3.7 Definição das variáveis e sinal esperado

O estudo incluiu variáveis relacionadas com indivíduos, agregados familiares e caraterísticas específicas dos prestadores para identificar e estimar os determinantes da procura. Nos quadros seguintes, definem-se as variáveis dependentes com as variáveis explicativas associadas. Na primeira tabela, os factores ao nível do agregado familiar e o número de dias perdidos devido a doença foram incluídos como potenciais determinantes da decisão de procurar cuidados modernos. Na tabela seguinte, as caraterísticas individuais do doente e as caraterísticas específicas do prestador são incluídas como potenciais determinantes da escolha entre diferentes prestadores de cuidados de saúde.

Table 3.1: **Definição da variável para o modo de escolha do tratamento (modelo de nível superior)**

Nível superior Dependente Descrição da variável variável

(Cuidados modernos versus não cuidados)

1. sem cuidados	
2. Cuidados modernos	
	Variáveis explicativas
INV	Valor inclusivo (utilidade máxima esperada de
	O cálculo é efectuado a partir dos
	resultado do modelo NMNL de escolha do prestador de cuidados de saúde
	equação.
Cabeça de vento	Idade do agregado familiar em anos

37

Sexhhead	Uma variável fictícia para o sexo do chefe do agregado familiar, que corresponde a um se o doente pertencer a um agregado familiar chefiado por um homem e a zero caso contrário.
Hhnoedu	Chefe do agregado familiar sem instrução, sendo considerado um se a instrução do agregado familiar se situar nesta categoria ou zero caso contrário.
Hhpredu	Chefe do agregado familiar com o ensino primário e assume um se a educação do agregado familiar estiver nesta categoria ou zero caso contrário.
Hhsecedu	Chefe do agregado familiar com ensino secundário ou superior, sendo considerado um se o nível de instrução do agregado familiar se situar nesta categoria ou zero caso contrário.
Nãoadulto	Número de adultos no agregado familiar.
Não criança	Número de crianças no agregado familiar
Ndayssuf	Número de dias perdidos por motivo de doença no período de um mês.

Em geral, as variáveis explicativas são categorizadas em três grupos principais: variáveis específicas de cada doente, variáveis ao nível do agregado familiar e variáveis específicas do prestador.

Sexo do chefe do agregado familiar (Sexhhead): Num país como a Etiópia, a mulher será a chefe do agregado familiar se não houver pai na família. Uma vez que as mulheres chefes de família estão ocupadas com trabalhos domésticos e geram menos rendimentos, o investigador esperava um efeito positivo do sexo do agregado familiar na procura de tratamento médico.

Número de crianças e adultos: Um maior número de adultos pode traduzir-se em mais rendimentos, o que pode aumentar a procura de tratamentos médicos modernos. Assim, este estudo prevê um impacto positivo do número de adultos na procura de serviços de saúde. Pelo contrário, espera-se que a relação entre a procura de cuidados de saúde curativos e o número de crianças na família seja negativa.

Número de dias de sofrimento (Ndayssuf): É um indicador da gravidade da doença e espera-se que tenha uma relação positiva com a procura de serviços de saúde.

Nível de instrução do chefe do agregado familiar: o nível de instrução do chefe do agregado familiar é uma variável importante na procura de tratamentos médicos modernos quando o chefe do agregado familiar é o único decisor. Neste caso, espera-se que a relação entre o nível de instrução do chefe do agregado familiar e a procura de serviços de saúde modernos seja positiva

Idade do agregado familiar (hhage): com base na literatura anterior, espera-se um resultado positivo ou negativo.

Idade do doente (Agep): Existem duas opiniões diferentes sobre o efeito da idade na procura de cuidados de saúde. Uma vez que este estudo é realizado numa zona urbana onde as famílias são cuidadosas com a saúde das crianças, o investigador esperava um efeito negativo da idade do doente na procura de serviços de saúde.

Logaritmo do consumo (Logcons): Neste estudo, o consumo (Cons) é considerado como o rendimento residual após os custos diretos e indirectos do tratamento médico. Por conseguinte, espera-se que o logaritmo do consumo (Logcons) tenha um efeito positivo na procura de serviços de cuidados médicos.

Logaritmo do quadrado do consumo (Logconssq): espera-se que tenha um efeito negativo para ser consistente com a literatura e as expectativas.

Quadro 3.2: Definição da variável para a escolha dos prestadores de cuidados de saúde (modelo de nível inferior)

Variável dependente	Descrição da variável
escolha do tipo de prestador de cuidados de saúde	
1. Prestador de cuidados de saúde pública	
2. Prestador de cuidados de saúde privado	
3. Sem cuidados (incluindo automedicação)	
Variáveis explicativas	
PAge	Idade do doente em anos.
Psex	Variável fictícia para o sexo do doente, que assume um se o doente for do sexo masculino e zero caso contrário.
Pnoedu	Doente sem habilitações académicas e é considerado um se as habilitações académicas do doente estiverem nesta categoria ou zero caso contrário
ppredu	Doente com o ensino primário e assume um se a educação do doente estiver nesta categoria ou zero caso contrário
psecedu	Doente com ensino secundário e superior e assume um se a

	educação do doente estiver nesta categoria ou zero caso contrário
Logótipos	Logaritmo do nível de consumo após custos médicos diretos e indirectos.
Logconssq	Logaritmo do consumo quadrado.
Qual	Variável contínua para a perceção da qualidade do tratamento (ponderação de dez para a qualidade do tratamento).

Qualidade percebida do tratamento (Qual): espera-se que um tratamento de melhor qualidade aumente a procura de serviços de saúde. Assim, neste estudo esperava-se um coeficiente positivo para a variável qualidade.

Nível de educação do doente: O nível de educação do doente pode influenciar positivamente a atitude de cada doente em relação aos cuidados de saúde modernos, pelo que se espera que aumente a procura de tratamento médico.

Capítulo IV

4. Análise e discussão

Neste capítulo, os dados recolhidos, tanto quantitativos como qualitativos, serão discutidos e analisados utilizando ferramentas estatísticas de análise descritiva e análise econométrica.

4.1 Análise descritiva

Esta secção fornece o nível de utilização de diferentes prestadores de cuidados de saúde pelos agregados familiares da amostra avaliados através de alguns factores demográficos, bem como os determinantes importantes da procura, tais como factores económicos, como o rendimento, os custos médicos diretos e indirectos, e variáveis subjectivas, como a qualidade percebida do tratamento e o comportamento dos membros do pessoal durante o tratamento. As variáveis económicas, demográficas e subjectivas são analisadas para indicar os factores que determinam a decisão de procurar tratamento e os factores que afectam a escolha entre prestadores de cuidados de saúde.

Tabela 4.1: Distribuição dos pacientes por idade e sexo

Idade em anos	Sexo Feminino Contagem	Percentagem	Masculino Contagem	Percentagem	Total Contagem	Percentagem
Abaixo de 15	33	17.5	34	18	67	35.5
Entre 15 e 30	24	12.7	23	12.2	47	24.9
Entre 30 e 45	20	10.7	9	4.8	29	15.5
Entre 45 e 60 anos	18	9.6	19	10.1	37	19.7
Acima de 60	4	2.2	4	2.2	8	4.4
TOTAL	99	52.7	89	47.3	188	100

Fonte: Inquérito próprio, 2013

Como mostra a tabela 4.1, a maioria dos inquiridos é do sexo feminino e tem menos de 15 anos de idade. Estes grupos representam a maioria das pessoas que estiveram doentes imediatamente um mês antes de os dados terem sido recolhidos. Os resultados sugerem que os grupos socialmente vulneráveis da população (crianças e mulheres) são mais susceptíveis à doença. Isto pode ser explicado pela maior incidência de doenças entre as crianças, devido à fraqueza do sistema imunitário, e entre as mulheres, devido à sua natureza biológica.

4.1.1 Razões para consultar e não fazer tratamento médico

O inquérito revelou que, de um total de 188 doentes, 52,7% e 47,3% eram do sexo feminino e masculino, respetivamente. Do total das amostras, cerca de 21% referiram que não procuraram qualquer tratamento médico, apesar de terem estado doentes no último mês. Dos restantes 79% dos pacientes que procuraram tratamento médico, cerca de 58%, 41% e 0,7% foram tratados em prestadores de serviços de saúde públicos, privados e tradicionais, respetivamente. Uma vez que a proporção de prestadores de cuidados de saúde tradicionais em relação ao total de pacientes tratados é muito pequena, a análise descritiva e econométrica baseia-se num conjunto de dados de 187 indivíduos categorizados em sem cuidados, com cuidados públicos e com cuidados privados. Dos 187 pacientes, verifica-se que a maior proporção (46%) é tratada nos cuidados de saúde públicos e 32,6% nos privados. Os restantes 21,4% não consultaram nenhum prestador de cuidados de saúde (Tabela 4.2).

Quadro 4.2: Comportamento de procura de cuidados médicos e escolhas de prestadores de serviços por sexo dos doentes

Sexo	Procurar tratamento						Fornecedores selecionados		
	Não		Sim		Total		Público	Privado	Tradicional
	Contagem	%	Contagem	%	Contagem	%	%	%	%
Feminino	21	21.2	78	78.8	99	52.6	61.5	38.5	0
Masculino	19	21.3	70	78.7	89	47.4	54.3	44.3	1.4
Total	40	21.2	148	78.8	188	100	58.1	41.2	0.7

Fonte: Inquérito próprio, 2013

A Tabela 4.2 revela que não existe uma diferença significativa na procura de tratamento médico em função do sexo dos pacientes. No entanto, é mais provável que os doentes do sexo masculino recorram a cuidados de saúde privados do que os do sexo feminino. Isto pode dever-se à baixa capacidade económica das mulheres. Amarech Guda (2007) obteve resultados semelhantes no seu estudo efectuado na Etiópia urbana.

Embora a maior parte (79,6%) das pessoas que referiram doença tenha procurado tratamento médico, um número significativo de doentes não consultou qualquer tipo de prestador de cuidados de saúde. A Tabela 4.3 mostra as principais razões pelas quais os indivíduos não consultaram qualquer prestador de cuidados de saúde. A maioria (70%) identificou a doença ligeira como a principal razão para não consultar um médico num determinado período de tempo. Verifica-se também que cerca de 22% não consultaram devido ao receio do custo do tratamento, cerca de 15% devido à crença de que o tratamento não ajuda a recuperar, 5% devido à falta de tempo e 10% devido a outras razões.

Tabela 4.3: Razões para não consultar um médico.

Razões	Contagem de respostas	Percentagem de respostas
Incapacidade de suportar os custos do tratamento	9	22.5
Não gravidade da doença	28	70
O tratamento não ajuda	6	15
falta de tempo	2	5
Outros	4	10

Fonte: Inquérito próprio, 2013

Por outro lado, as pessoas que procuraram tratamento médico junto de diferentes prestadores também indicaram as razões que as levaram a escolher um determinado prestador. Assim, a maioria dos pacientes (44% e 37%) que consultaram prestadores de cuidados de saúde públicos explicaram que o custo mais baixo do tratamento e a proximidade dos prestadores de cuidados de saúde, respetivamente, são as principais razões para os consultar. Nos prestadores de cuidados de saúde privados, a qualidade do tratamento é a primeira razão principal (77%), ao passo que o tempo de espera curto (42,6) e a disponibilidade de medicamentos (41%) são a segunda e a terceira razões para escolher o tratamento em prestadores privados e a restante razão representa 9,8%. Os resultados revelaram que a consulta do prestador público está principalmente associada a um custo mais baixo do tratamento e à proximidade do prestador, ao passo que a consulta do prestador privado se explica principalmente pela melhor qualidade e pelo curto tempo de espera.

Tabela 4.4: Factores que determinam a escolha entre prestadores de cuidados de saúde

Razões	Público		Privado	
	Contagem	%	Contagem	%
Tempo de espera curto	18	21	26	42.6
Melhor qualidade de tratamento	22	25.6	47	77
Proximidade do prestador	37	43	3	5
Disponibilidade de medicamentos	13	15.1	25	41
Menor custo do tratamento	44	51.1	2	3.2
Outros	-	-	1	1.6

Fonte: Inquérito próprio, 2013

Nas subsecções seguintes, os diferentes factores que podem afetar a decisão de consultar um tratamento médico e a escolha dos prestadores de cuidados de saúde são tabulados em relação a factores demográficos, económicos e subjectivos.

4.1.2 Factores económicos que afectam a procura de cuidados de saúde

Com base no rendimento mensal declarado, os agregados familiares foram divididos em quatro quartis, representando o grupo de rendimento que vai do quartil um (mais pobre) ao quartil quatro (mais rico). Os resultados revelaram que quanto maior o rendimento do agregado familiar, maior a probabilidade de procurar tratamento médico em caso de doença. Assim, quanto mais rico o doente, maior a probabilidade de procurar cuidados médicos junto de qualquer prestador. No que respeita à escolha do prestador de cuidados de saúde, as preferências das famílias parecem deslocar-se dos estabelecimentos de saúde públicos para os privados à medida que o seu nível de rendimento aumenta. Além disso, observa-se que os agregados familiares do grupo de rendimento mais baixo contactam frequentemente os prestadores de cuidados de saúde públicos (Quadro 4.5).

Quadro 4.5: Comportamento de procura de cuidados médicos e escolha do prestador de cuidados por grupos de rendimento

Quartil de rendimento em Birr		Opção escolhida			Total
		Público	Privado	Sem cuidados	
0-1000	Contagem	11	2	15	28
	%dentro do grupo de rendimento	39.3	7.1	53.6	100
1001-2500	Contagem	16	6	10	32
	%dentro do grupo de rendimento	50	18.8	31.2	100
2501-4500	Contagem	42	21	9	72

		%dentro do grupo de rendimento	58.3	29.2	12.5	100
4501 e superior		Contagem	17	32	6	55
		%dentro do grupo de rendimento	30.9	58.1	11	100
Total		Contagem	86	61	40	187

Fonte: Inquérito próprio, 2013

Os custos diretos e indirectos dos tratamentos médicos podem também desempenhar um papel significativo na procura de cuidados de saúde e na escolha dos prestadores. O custo direto do tratamento médico inclui o pagamento em dinheiro de medicamentos, consultas e custos de transporte. Em média, os prestadores de cuidados de saúde públicos e privados cobraram 85 e 257 birr por tratamento, medicamento e transporte, respetivamente.

A tabulação cruzada das respostas indica que, tendo em conta o tipo de doença que levou os doentes a consultar o médico, um aumento do custo do tratamento provoca uma diminuição do número de doentes que consultam o prestador de cuidados de saúde público, ao passo que, no caso do prestador de cuidados de saúde privado, primeiro aumenta e depois diminui. O resultado sugere que um aumento do custo do tratamento aumenta a probabilidade de consultar um prestador de cuidados de saúde privado em relação ao prestador público. Este facto pode ser explicado pela maior correlação entre a melhor qualidade e o custo mais elevado do tratamento no prestador de cuidados de saúde privado.

Quadro 4.6: Prestação de cuidados de saúde Escolha por custo de tratamento

Categoria de custo em Birr		Prestador de cuidados de saúde Escolhido	
		Público	Privado
0-50	Contagem	46	0
	% dentro do tratamento	53.5	0
51-100	Contagem	17	16
	% dentro do tratamento	19.7	26.3
101-200	Contagem	15	23
	% dentro do tratamento	17.5	37.6
201-300	Contagem	6	13
	% dentro do tratamento	7	21.3
Acima de 300	Contagem	2	9
	% dentro do tratamento	2.3	14.7
Total	Contagem	86	61
	% dentro do tratamento	100	100

Fonte: Inquérito próprio, 2013

Os custos indirectos do tratamento médico, como as deslocações e o tempo de espera, também desempenham um papel indispensável na escolha do tratamento médico entre diferentes prestadores de cuidados de saúde. O tempo médio de espera para tratamento foi de 56 e 27 minutos para os prestadores de cuidados de saúde públicos e privados, respectivamente. Este facto pode ser uma das razões pelas quais os indivíduos com um elevado nível de educação preferem os prestadores privados, com custos de tratamento mais elevados.

Tabela 4.7: Tratamento escolhido por tempo de espera

Tempo de espera em minutos		Prestador de cuidados de saúde escolhido		Total
		Público	privado	
Menos de 30	Contagem	23	46	69
	% dentro da opção de tratamento	26.7	75	47
Entre 30 & 60	Contagem	35	12	47
	% dentro da opção de tratamento	40.7	20	32
Entre 60 & 120	Contagem	24	3	27
	% dentro da opção de tratamento	28	5	18.3
Acima de 120	Contagem	4	0	4
	% dentro da opção de tratamento	4.6	0	2.7
Total	Contagem	86	61	147
	% dentro da opção de tratamento	100	100	100

Fonte: Inquérito próprio, 2013

O resultado revela que o custo indirecto do tratamento médico é mais elevado nos prestadores de cuidados de saúde públicos do que nos privados. O quadro 4.7 mostra que 75% das pessoas que consultaram um prestador de cuidados de saúde privado foram tratadas no prazo de 30 minutos e 95% no prazo de uma hora. Apenas 5% esperaram mais de uma hora para receber tratamento nos prestadores de cuidados de saúde privados.

No entanto, a situação é diferente no que respeita aos prestadores de cuidados de saúde públicos; apenas 26,7% das pessoas que consultaram os prestadores públicos foram tratadas no prazo de 30 minutos e 67,4% no prazo de uma hora. Uma percentagem significativa (28%) dos que consultaram os serviços públicos esperam entre uma e duas horas para serem tratados e os restantes 4,6% esperam mais de duas horas para obter o tratamento necessário. O resultado sugere que, à medida que o tempo de espera aumenta, os doentes preferem o prestador público ao privado. Em geral, os cuidados de saúde prestados pelo sector público estão associados a menos custos diretos e a custos indirectos elevados, ao passo que os serviços de saúde prestados pelo sector privado estão associados a custos diretos elevados e a custos indirectos baixos (Quadro 4.7).

4.1.3 Factores demográficos e procura de serviços de saúde

A tabulação cruzada dos resultados sugere que a consulta de tratamento médico varia consoante o nível de instrução do doente e do chefe do agregado familiar. A consulta de tratamento médico aumenta com a escolaridade dos doentes e do chefe de família (Quadro 4.8). O comportamento de procurar tratamento médico na altura da doença é mais elevado entre os doentes e os chefes de família com habilitações superiores ao ensino secundário. Assim, pode deduzir-se com segurança que a educação influencia positivamente as decisões dos indivíduos de consultar ou não um tratamento médico na altura da doença.

Quadro 4.8: Prestador de cuidados de saúde escolhido por nível de escolaridade do chefe de família e Paciente

Tratamento selecionado	Educação do chefe do agregado familiar				Educação do doente			
	Sem educação	Primário	Segundo ano	Acima do segundo ano	Total	Sem educação	Primário	Secundário	Acima Secondário	Total

Público	Contagem	11	32	12	31	86	7	29	23	27	86
	% Dentro do tratamento	12.8	37.2	14	36	100	8.1	33.7	26.8	31.4	100
Privado	Contagem	3	14	6	38	61	5	14	11	31	61
	% Dentro do tratamento	4.9	22.9	9.8	62.3	100	8.2	23	18	50.8	100
Não-cuidados	Contagem	17	8	7	8	40	16	9	9	6	40
	% Dentro do tratamento	42.5	20	17.5	20	100	40	22.5	22.5	15	100

Fonte: Inquérito próprio, 2013

No que respeita à escolha do prestador de cuidados de saúde, os doentes com um elevado nível de instrução utilizam maioritariamente os serviços de saúde privados. Isto pode dever-se ao facto de os tempos de espera mais elevados que prevalecem nos cuidados de saúde públicos aumentarem o custo de oportunidade do tempo para os indivíduos com maior escolaridade. Além disso, o resultado sugere que os prestadores de cuidados de saúde públicos são maioritariamente utilizados pelos pacientes com habilitações literárias primárias. Os agregados familiares procuram tratamentos médicos modernos para os membros da família com mais habilitações do que para os membros da família com menos habilitações. De um modo geral, embora a educação influencie positivamente a decisão de procurar tratamento médico, a escolha de serviços de saúde privados e públicos, respetivamente, mostra uma tendência para aumentar e diminuir com o nível de educação (Quadro 4.8).

A outra variável demográfica importante que pode influenciar a decisão de procurar e escolher tratamento entre os prestadores de cuidados médicos é a idade do doente. A tabulação cruzada dos grupos etários em relação ao comportamento de procura de tratamento médico revelou que o comportamento de procura de tratamento médico diminui com a idade dos doentes (Tabela 4.9). O resultado confirmou que a categoria das crianças está associada à maior utilização de tratamentos médicos. Isto diz-nos que as famílias dão a devida importância à saúde das crianças. Relativamente à escolha do prestador, os cuidados de saúde públicos são utilizados principalmente pela categoria das crianças (menos de 15 anos), seguida do grupo etário dos 15 aos 30 anos. Ainda assim, o resultado indica que a escolha dos serviços de saúde públicos diminui com a idade dos pacientes. Os serviços de saúde privados são maioritariamente utilizados (40,5%) pelos grupos etários entre os 15 e os 30 anos, seguidos pela categoria das crianças (32,8%). Em geral, a idade do doente desempenha um papel crucial na procura de cuidados de saúde e na escolha do prestador (Quadro 4.9).

Quadro 4.9: Categoria etária dos doentes e escolha dos prestadores de cuidados de saúde

Escolha do fornecedor		Faixa etária do paciente				
		Abaixo de 15	15 a 30	30 a 45	45 a 60	Acima de 60
Public	Contagem	40	23	12	9	2
	% Dentro da categoria de idade	59.8	48.9	41.4	25	25
Privado	Contagem	22	19	6	11	3
	% Dentro da categoria de idade	32.8	40.5	20.7	30.6	37.5
Não-cuidado	Contagem	5	5	11	16	3
	% Dentro da categoria de idade	7.4	10.6	37.9	44.4	37.5

Fonte: Inquérito próprio, 2013

O último fator demográfico que se espera que afecte a procura de serviços de saúde é a estrutura do agregado familiar, representada pelo número de adultos e pelo número de crianças na família. Como se pode ver no quadro 4.10, na primeira categoria de adultos (1 a 3), 77,6% consultaram tratamento médico e os restantes 22,4% não consultaram qualquer tratamento moderno. No segundo grupo de adultos, 81,6% deles consultaram tratamentos médicos modernos e os restantes 19,4% não consultaram nenhum prestador de tratamentos modernos. A Tabela 4.10 mostra que 80 % e 80,7% dos agregados familiares com filhos de 0 e 1 a 2 anos consultaram um médico moderno, respetivamente. No entanto, a utilização de tratamentos modernos é significativamente mais baixa (61,2%0) entre os agregados familiares com filhos com mais de dois anos.

Tabela 4. 10: Tratamento escolhido por número de adultos e número de crianças no agregado familiar

Tratamento selecionado		Número de adultos		Número de crianças		
		1-3	Acima de 3	0	1-2	Acima de 2
Público	Contagem	60	26	25	55	6
	% Na categoria adulto/criança	48	42	50	46.2	33.3
Privado	Contagem	37	24	15	41	5
	% Na categoria adulto/criança	29.6	38.7	30	34.5	27.7
Sem cuidados	Contagem	28	12	10	23	7
	% Na categoria adulto/criança	22.4	19.4	20	19.3	38.8
Total	Contagem	125	63	50	119	18
	% Na categoria adulto/criança	100	100	100	100	100

Fonte: Inquérito próprio, 2013

4.1.4 O efeito de factores subjectivos na procura de serviços de saúde

A perceção dos doentes sobre a qualidade dos serviços de saúde prestados por diferentes prestadores de cuidados de saúde pode também desempenhar um papel crucial na decisão de escolher entre diferentes prestadores de cuidados de saúde. Foi pedido aos doentes que avaliassem a qualidade do tratamento, tendo em conta o comportamento e a eficiência do pessoal, a disponibilidade do equipamento de saúde necessário, a disponibilidade de medicamentos e outras instalações necessárias. Assim, verificou-se que cerca de 20% e 63% das pessoas que consultaram os prestadores de cuidados de saúde públicos avaliaram a qualidade do tratamento como sendo muito boa e boa, respetivamente.

No entanto, 39,4% e 54,1% das pessoas que procuram tratamento junto de prestadores de serviços de saúde privados consideram a qualidade do tratamento muito boa e boa, respetivamente (Quadro 4.10). Por outro lado, 7% e 10,5% dos pacientes que consultaram os serviços públicos de saúde consideraram a qualidade muito má e má, respetivamente. Nenhum dos doentes que consultaram os serviços de saúde privados considerou a qualidade muito má e apenas 6,5% avaliaram a qualidade como má. Este facto explica, provavelmente, a razão pela qual os doentes preferem os prestadores privados aos públicos, com um custo de tratamento mais elevado.

Quadro 4.11: Qualidade percebida do tratamento Vs escolha de prestadores de cuidados de saúde

Tipo fornecedor	de Qualidade percebida do tratamento			
	Muito (%) pobres	Pobres (%)	(%)bom	Muito (%) bom
Público	7	10.5	62.8	19.7
Privado	0	6.5	54.1	39.4
TOTAL	4.1	8.8	59.2	27.9

Fonte: Próprio inquérito, 2013

Do total de inquiridos a quem foi pedido que avaliassem o comportamento do pessoal de saúde durante a prestação do tratamento, 26,7% e 57% dos que consultaram os serviços públicos avaliaram o comportamento do pessoal como muito bom e bom. No mesmo intervalo, a proporção para o prestador privado é de 36% e 57,4%. Por outro lado, o comportamento dos funcionários no intervalo de mau a pior foi encontrado em 11,6% e 4,6%, respetivamente, para os públicos. Nenhum dos doentes que consultaram os cuidados de saúde privados avaliou o comportamento do pessoal dos cuidados de saúde privados como pior e apenas 6,6% o classificaram como mau (Tabela 4.11).

Quadro 4.12: Avaliação do comportamento do pessoal de saúde e escolha das unidades de saúde

Tipo fornecedor	de Avaliação do comportamento dos membros do pessoal			
	Pior (%)	Mau (%)	Bom(%)	Muito bom (%)
Público	4.6	11.6	57	26.7
Privado	0	6.6	57.4	36
TOTAL	2.7	9.5	57.1	30.6

Fonte: Inquérito próprio, 2013

A partir da tendência acima descrita, compreendemos que existe uma associação positiva entre a perceção dos doentes sobre o comportamento do pessoal de saúde e a qualidade do tratamento. Isto indica ainda que os doentes podem avaliar a qualidade do tratamento tendo em conta o comportamento do pessoal de saúde.

4.2 Análise econométrica

Nesta secção, são discutidos os resultados da estimação do modelo logit multinomial aninhado (NMNL). A primeira parte do resultado do modelo logit multinomial aninhado destaca as estimativas do modelo de escolha do prestador, enquanto a segunda parte estima o modo de escolha do tratamento (escolha entre não cuidados e cuidados). Os Quadros 4.13 e 4.14 apresentam os resultados da estimação simultânea do modelo NMNL.

O agregado familiar da amostra é agrupado entre os que procuram cuidados (grupo de cuidados) e os que não procuram (grupo sem cuidados). No caso da ausência de cuidados, o valor inclusivo (σ) é limitado a um, uma vez que só temos uma alternativa neste ramo. O coeficiente estimado do valor inclusivo (σ) para o grupo de cuidados é 0,346, que é significativamente inferior a um e superior a zero. O valor do valor inclusivo indica a existência de correlação entre as componentes não observadas destas alternativas e a estimativa de um modelo logit multinomial simples pode dar resultados enviesados. O coeficiente de correlação (1- σ) de 0,654 mostra que existe uma substituição moderada entre as opções de cuidados de saúde modernos (entre as alternativas pública e privada) do que a outra alternativa (ausência de cuidados).

O parâmetro da estimativa do modelo NMNL de nível inferior (modelo de escolha do prestador) é apresentado na Tabela 4.13 abaixo. Embora seja difícil interpretar a magnitude dos coeficientes de forma significativa, os sinais e a importância dos coeficientes revelariam se o modelo é ou não capaz de explicar os factores determinantes da escolha dos prestadores de cuidados de saúde. As caraterísticas individuais dos doentes e as caraterísticas específicas dos prestadores foram incluídas como variáveis explicativas que determinam a escolha entre diferentes prestadores de cuidados de saúde. No entanto, o número de dias perdidos devido a doença e os factores ao nível do agregado familiar que se supõe determinarem a decisão de procurar tratamento (entre cuidados modernos e não cuidados). Em ambos os modelos, a categoria de referência é a opção de ausência de cuidados. Por conseguinte, todos os coeficientes estimados são relativos à opção de ausência de cuidados.

O efeito da idade do doente é negativo e significativo para a escolha de ambos os prestadores de cuidados de saúde. Isto mostra que os adultos reduzem a utilização de cuidados médicos à medida que envelhecem. O efeito negativo da idade é mais forte no caso do prestador de cuidados de saúde privado. Gaddah (2011), no Gana, utilizando um modelo logit multinomial aninhado, e Amarech (2007), na Etiópia urbana, utilizando um modelo logit multinomial, obtiveram o mesmo resultado. O resultado econométrico também é consistente com a análise descritiva. O resultado confirma que o agregado familiar dá mais importância à saúde das crianças. O sinal positivo no coeficiente do sexo do paciente indica que os homens têm uma probabilidade elevada de procurar cuidados junto de prestadores públicos e privados, em comparação com as mulheres. No entanto, o coeficiente do sexo do paciente foi considerado insignificante para os prestadores públicos e privados, o que implica que não existe uma diferença significativa na utilização de ambos os prestadores de cuidados de saúde com base no sexo dos pacientes.

A escolaridade do doente entra no modelo sob a forma de uma dummy, sendo a categoria de base a ausência de escolaridade. Enquanto a educação dos adultos se refere ao nível de educação que atingiram, às crianças com menos de quinze anos foi atribuída a educação do chefe de família como proxy. Os resultados sugerem que o ensino primário do doente está associado a uma utilização positiva e significativa dos cuidados de saúde públicos relativamente aos doentes analfabetos. No entanto, para os doentes com o ensino secundário e superior, o sinal do coeficiente é positivo mas não significativo. Isto implica que não existe uma diferença significativa entre os doentes analfabetos e os doentes com o ensino secundário e superior na utilização dos serviços públicos de saúde.

A falta de significância estatística do coeficiente do ensino superior para a escolha de serviços públicos de saúde pode ser explicada pela forte correlação entre consumo e níveis de ensino elevados. Apesar de o sinal do coeficiente do ensino primário ser positivo para a alternativa do prestador privado, não se considera que seja um fator determinante significativo da utilização de cuidados de saúde privados.

No entanto, a utilização de cuidados de saúde privados está associada de forma positiva e significativa ao ensino secundário e superior. A associação positiva e significativa entre o ensino secundário e superior e a probabilidade de recorrer a cuidados de saúde privados pode dever-se ao facto de os indivíduos com um elevado nível de instrução auferirem mais rendimentos e terem mais probabilidades de pagar cuidados privados, mantendo constantes os outros determinantes.

Tabela 4.13: Estimativas do modelo FIML de escolha do prestador

Variáveis	coeficiente	Erro padrão	p>|z|
público			
logeons	0.5802	0.1998	0.004
página	-0.0676	0.0313	0.031
psex	0.0459	1.5209	0.976
qual	1.3842	0.4633	0.003
ppredu	1.2655	0.7291	0.083
psecedu	0.4575	0.5923	0.440
privado			
logeons	0.9356	0.4582	0.041
página	-0.0831	0.0322	0.010
psex	0.0528	1.5012	0.972
qual	1.4376	0.4699	0.002
ppredu	1.8429	2.1949	0.401
psecedu	0.7918	0.4687	0.091

Teste LR para IIA (tau = 1): chi2 (1) = 7,80 Prob> chi2 = 0,0052

Probabilidade de registo=-101,1

Número de observações = 561

Número de casos = 187

Wald chi2 (19) = 76,68 Prob> chi2 = 0,0000

A qualidade do tratamento entra no modelo como uma variável contínua. Foi pedido aos inquiridos que atribuíssem um peso de dez à qualidade do tratamento do prestador de cuidados de saúde que visitaram, considerando alguns aspectos da medição da qualidade. O efeito da qualidade é significativo e tem o sinal esperado para ambos os prestadores. O resultado confirma que a qualidade do tratamento é um fator determinante positivo e altamente significativo da procura de prestadores de cuidados de saúde públicos e privados. Isto pode revelar que os prestadores de serviços de saúde podem atrair mais clientes se melhorarem a sua qualidade de tratamento. Kasirye et al (2004), no Uganda, e Hanson et al (2004), em Chipre, obtiveram o mesmo resultado nos seus estudos.

O logaritmo do consumo, talvez o fator económico mais importante, entra no modelo como interação entre o rendimento do agregado familiar e o custo do tratamento (custo direto e indireto do tratamento). O coeficiente do logaritmo do consumo é estatisticamente significativo para ambos os prestadores de cuidados de saúde em relação à ausência de cuidados, como esperado. O resultado indica que o rendimento e os custos médicos diretos e indirectos do tratamento são determinantes importantes da procura de cuidados médicos. O resultado é coerente com estudos anteriores sobre a procura de cuidados de saúde, como o de Tesfaye (2003) na Etiópia e o de Tiehi (2012) na Costa do Marfim. O sinal positivo do coeficiente do logaritmo do consumo indica a relação direta entre o consumo e a procura de cuidados de saúde para ambos os prestadores de cuidados de saúde.

O logaritmo do consumo quadrado também foi incluído como variável explicativa, mas foi abandonado devido à multicolinearidade com o logaritmo do consumo. Uma vez que o preço e o rendimento entram no modelo de uma forma altamente não linear, é difícil avaliar a sua influência na procura diretamente a partir dos resultados. Posteriormente, para avaliar o efeito, a elasticidade-preço da procura é estimada para diferentes grupos de rendimento, segundo Gertler e van der Gaag (1990).

O parâmetro da estimativa do modelo FIML de nível superior é apresentado no Quadro 4.14. A este nível, o número de dias perdidos devido a doença e os factores ao nível dos agregados familiares determinam a decisão de procurar tratamento (entre cuidados modernos e não cuidados).

A gravidade da doença, medida pela duração da doença, é considerada um fator determinante significativo da procura de cuidados modernos. Como esperado, a probabilidade de procurar cuidados de saúde está positivamente correlacionada com o número de dias perdidos devido a doença. Este resultado é muito coerente com o resultado da análise descritiva, uma vez que a maioria dos inquiridos explicou que a gravidade da doença era a principal razão para não consultar os tratamentos modernos. Por conseguinte, a percepção dos doentes relativamente à gravidade da doença desempenha um papel importante na sua decisão de recorrer a um tratamento médico moderno. A conclusão é coerente com o que Amarech (2007) encontrou no seu estudo sobre o impacto da taxa de utilização na procura de cuidados de saúde na Etiópia urbana.

Tabela 4.14: Modelo FIML do Modo de Tratamento (sem cuidados Vs cuidados modernos) Estimativas

Variáveis	coeficiente	Erro padrão	p>lzl
Cuidados			
Ndayssuf	0.1052	.0213	0.000
Cabeça de vento	-0.0073	.0257	0.776
Cabeça do sexo	0.4253	.5572	0.445
hhpredu	0 .6440	.5745	0.034

hhsecedu	1.2209	.1734	0.037
Nadult	-0.0355	.2473	0.886
Criança	-0.7070	.2804	0.012
Valor inclusivo	0.3466	.1667	0.038

Probabilidade de registo=-101,1

Número de observações = 561

Número de casos = 187

Wald chi2 (19) = 76,68 Prob> chi2 = 0,0000

Entre os factores ao nível do agregado familiar, a idade e o sexo do chefe do agregado familiar têm um efeito negativo e positivo na probabilidade de procurar cuidados médicos modernos, respetivamente. No entanto, ambas as variáveis não são significativas.

O número de adultos no agregado familiar afecta negativamente a probabilidade de procurar cuidados modernos. Isto indica que quanto maior for o número de adultos no agregado familiar, menor é a probabilidade de este optar por tratamentos médicos modernos, mas o efeito é considerado insignificante. A procura de cuidados modernos diminui com o número de crianças no agregado familiar e o coeficiente também é significativo. O resultado revela que quanto maior é o número de crianças no agregado familiar, menor é a probabilidade de este optar por tratamentos médicos modernos. Isto pode dever-se ao facto de um grande número de membros da família dependentes poder reduzir o rendimento disponível para tratamento médico. Alternativamente, a menor capacidade de geração de rendimento das crianças pode reduzir a probabilidade de consultar tratamentos modernos na altura da doença. Esta conclusão é corroborada por Kasirye et al. (2004).

As habilitações académicas dos chefes de família também entram no modelo como uma variável categórica, com a ausência de habilitações académicas como grupo de referência. Os resultados mostram que ter o ensino primário e o ensino secundário e superior aumenta a probabilidade de procurar cuidados médicos modernos em comparação com os chefes de família sem instrução. O coeficiente é significativo para ambos os grupos, o que implica que a probabilidade de consultar os cuidados médicos modernos na altura da doença é maior para os chefes de família com alguma educação do que para os chefes de família analfabetos. Isto pode dever-se ao facto de os chefes de família mais instruídos auferirem mais rendimentos, o que aumenta a probabilidade de procurarem cuidados médicos modernos.

A outra interpretação possível após o controlo do consumo (rendimento) pode ser mais óbvia. Por exemplo, no que respeita ao efeito do conhecimento, as pessoas com mais habilitações estão conscientes do seu estado de saúde e das decisões relacionadas com a saúde. Têm melhores conjuntos de informação e capacidade de processamento de informação, o que leva a uma melhor utilização dos serviços de saúde. Esta conclusão é coerente com Tiehi (2012), Gaddah (2011) e Lindelow (2003).

O efeito dos diferentes determinantes da procura de serviços de cuidados de saúde explicados acima, exceto o rendimento do agregado familiar e o custo (preço) do tratamento. O rendimento e o custo dos cuidados estão incluídos no modelo de forma não linear, razão pela qual foi difícil avaliar o seu efeito individual na procura de cuidados diretamente a partir dos resultados. No entanto, a importância da variável consumo indica que o rendimento e o custo (custo direto e indireto) do tratamento são também determinantes importantes da procura de diferentes prestadores de cuidados médicos. Para explorar a influência do rendimento e do custo do tratamento, a elasticidade-preço do arco da procura é estimada de acordo com Gertler e Van der Gaag (1990).

Quadro 4.15: Elasticidades do preço do arco

Alteração preços	Grupo de rendimento (em Birr)		
	0 a 1000	1000 a 2500	Acima 2500
	Fornecedor público		
0 - 80	-0.048857	-0.037526	-0.02428
80 - 160	-0.0625322	-0.05033	-0.037581
160 - 240	-0.08535	-0.075332	-0.058563
240 - 320	-0.0923683	-0.083849	-0.068958
	Prestador privado		
0 - 80	-0.04056	-0.038213	-0.022354
80 - 160	-0.0515684	-0.044847	-0.033386
160 - 240	-0.07485	-0.073242	-0.05081
240 - 320	-0.086372	-0.078241	-0.057265

Para calcular o arco de elasticidade-preço da procura, inicialmente calcula-se a probabilidade de escolher um determinado fornecedor no limite inferior e superior do nível de preços para todos os indivíduos de um determinado grupo de rendimento, mantendo todas as variáveis no seu valor médio, exceto o rendimento e o preço. Em seguida, calculam-se as elasticidades-preço do arco para todos os grupos de rendimento, dividindo a variação percentual média da soma das probabilidades pela variação percentual do preço.

O cálculo das elasticidades-preço do arco mostra que as elasticidades são negativas em todos os preços e grupos de rendimento. Para além disso, a procura é mais elástica em relação aos preços com rendimentos mais baixos e a níveis de preços mais elevados. A magnitude das elasticidades-preço varia muito consoante o rendimento do agregado familiar, sendo mais elevada no grupo de rendimento mais baixo (pobres) e mais baixa no grupo de rendimento mais elevado (ricos). Por exemplo, um aumento de 10% no custo dos cuidados reduziria quase 0,5% da procura do prestador público entre os mais pobres, mas é apenas 0,25% entre os grupos de rendimento mais ricos, mantendo outros factores na sua média. O resultado sugere que as famílias pobres são mais sensíveis aos preços do que as famílias ricas. Resultados semelhantes foram obtidos por Abay (nd) no seu estudo sobre a procura de cuidados de saúde e a pobreza nas zonas rurais da Etiópia. A maior parte da literatura sobre a procura de cuidados de saúde também encontrou o mesmo resultado em diferentes países africanos, como Gaddah (2011) no Gana, e Kasirye et al (2004) no Uganda.

Embora as magnitudes das elasticidades-preço calculadas para ambos os prestadores sejam pequenas, a estimativa mostra que a procura de ambos os prestadores é mais elástica a um nível de preços mais elevado. Por conseguinte, a procura de cuidados de saúde é mais elástica a um nível de preços mais elevado. Isto indica que os doentes são mais sensíveis aos preços a níveis de preços mais elevados do que a níveis de preços mais baixos. Além disso, os resultados revelam que as elasticidades são mais elevadas para os prestadores de cuidados públicos do que para os prestadores privados em todos os grupos de rendimento. Por exemplo, um aumento de 10% no preço do tratamento resultaria numa redução da procura dos mais pobres de cerca de 0,5% nos prestadores públicos, em comparação com uma redução de 0,4% nos prestadores privados, mantendo-se a média dos outros factores. Esta menor elasticidade para os cuidados de saúde privados pode ser o resultado da percepção positiva dos doentes sobre a qualidade dos cuidados que prevalece nos prestadores de serviços de saúde privados.

Capítulo Cinco

5. Conclusão e recomendação

5.1 Conclusão

A prestação de serviços de saúde adequados é considerada um aspeto importante do desenvolvimento socioeconómico de qualquer país. No entanto, é necessário pensar para além da prestação de serviços de saúde e considerar os factores que afectam a decisão das famílias de consultar o tratamento e a sua escolha entre diferentes prestadores de serviços de saúde. Um indivíduo que sofre de uma doença ou de um ferimento decide, em primeiro lugar, se deve ou não consultar um médico e, em seguida, se deve escolher um dos diferentes prestadores de cuidados de saúde. Por conseguinte, este documento tentou investigar os factores associados a ambos os níveis de decisão das famílias.

O artigo baseia-se em dados primários recolhidos junto de inquiridos na cidade de Mekelle e tentou examinar os factores que determinam o comportamento de consulta médica em caso de doença e a escolha dos prestadores de cuidados de saúde, utilizando uma análise descritiva e econométrica. Para atingir o objetivo de identificar os factores determinantes do comportamento de consulta e da escolha entre diferentes prestadores de cuidados de saúde, este estudo utilizou o NMLM estimado através da técnica de máxima verosimilhança com informação completa.

A estimativa do modelo de nível inferior (escolhas de prestadores) indica que o logaritmo do consumo, a idade do doente, a educação do doente e a qualidade percebida dos tratamentos são factores significativos que afectam as escolhas entre prestadores de serviços de saúde. Todas estas variáveis têm um efeito positivo na procura de prestadores de cuidados de saúde públicos e privados, exceto a idade do doente. Ao mesmo tempo, os resultados da estimativa do modelo de nível superior indicam que a educação do doente, o número de dias sofridos e o número de crianças num agregado familiar afectam significativamente a decisão de consultar os cuidados modernos. A educação e o número de dias sofridos estão positivamente relacionados, ao passo que o número de filhos afecta negativamente a decisão de procurar cuidados modernos. No entanto, o sexo do doente e do chefe do agregado familiar e a idade do agregado familiar são considerados determinantes insignificantes da procura de serviços de cuidados de saúde.

O ensino primário do doente afectou positiva e significativamente a probabilidade de consultar os prestadores de serviços de saúde públicos. Do mesmo modo, a probabilidade de consultar prestadores de serviços de saúde privados é afetada positiva e significativamente pela educação secundária e terciária dos pacientes. O resultado indica que o investimento na educação pode aumentar a probabilidade de recorrer a ambos os tipos de prestadores de serviços de saúde. A procura de tratamentos modernos também é afetada de forma positiva e significativa pela escolaridade do chefe de família. Quanto mais instruído for o chefe do agregado familiar, maior é a probabilidade de consultar um tratamento médico em caso de doença.

A estrutura do agregado familiar é outro fator que afecta a decisão de recorrer a tratamentos modernos. Tanto o número de crianças como o de adultos na família têm um efeito negativo na procura de tratamentos modernos, mas o efeito é significativo apenas para os primeiros grupos. A procura de prestadores privados e públicos diminui com a idade do doente, o que sugere que os adultos reduzem a utilização dos cuidados de saúde à medida que envelhecem.

A qualidade dos serviços prestados pelos diferentes prestadores de cuidados de saúde é também outro fator crucial que afecta a procura de diferentes prestadores de cuidados de saúde. O efeito é positivo e significativo para ambos os prestadores. A gravidade da doença, medida pela duração da doença, é considerada um fator determinante significativo da procura de cuidados modernos. Como esperado, a probabilidade de procurar cuidados de saúde está positivamente correlacionada com o número de dias perdidos devido a doença.

Além disso, o logaritmo do consumo foi considerado um fator determinante significativo da procura de ambos os prestadores de cuidados de saúde, o que implica que tanto o rendimento como o custo do tratamento são factores determinantes importantes. Para explorar o efeito do custo dos cuidados de saúde na procura de cuidados de saúde, estimou-se a elasticidade-preço do arco para diferentes grupos de rendimento. O cálculo das elasticidades-preço do arco mostra que as elasticidades são negativas em todos os preços e grupos de rendimento. A procura é mais elástica em relação aos preços com rendimentos mais baixos e a níveis de preços mais elevados. Por conseguinte, as pessoas com rendimentos mais baixos são mais sensíveis aos preços do que as restantes. A procura de cuidados de saúde é também mais elástica em relação aos preços para os prestadores de cuidados de saúde públicos do que para os privados.

5.2 Recomendações

O nível de educação da pessoa tem um efeito positivo na probabilidade de consultar os cuidados médicos modernos. O resultado indica que a educação desempenha um papel significativo na decisão do indivíduo de consultar os cuidados médicos modernos em caso de doença. Por conseguinte, a lição política é que a expansão da educação pode ser uma componente da criação de uma sociedade saudável e produtiva. Uma vez que uma percentagem significativa de adultos é analfabeta, o governo tem de complementar a educação formal com a informal, a fim de sensibilizar os adultos analfabetos para a saúde.

A perceção que os indivíduos têm da sua doença desempenha um papel importante na sua decisão de recorrer aos cuidados modernos. Isto implica que os indivíduos estão mais dispostos a consultar os cuidados modernos se acharem que a doença é grave. Isto indica que o governo precisa de conceber políticas que agrupem os pacientes individuais em serviços de cuidados modernos na altura da doença. Por exemplo, a sensibilização do público para os riscos dos problemas de saúde desempenha um papel crucial neste contexto.

A procura de cuidados modernos diminui com o número de crianças no agregado familiar. Este facto pode dever-se ao facto de haver muitos membros dependentes no agregado familiar, o que reduz os recursos disponíveis para tratamento. Apesar das grandes conquistas alcançadas na Etiópia nas últimas três décadas, o governo continua a ter sérios trabalhos de casa na expansão dos serviços de planeamento familiar. Por conseguinte, o governo tem de reforçar o planeamento familiar, mesmo nas zonas urbanas.

A perceção da qualidade do tratamento por parte dos doentes é outro fator que aumenta a probabilidade de consultar os cuidados modernos. Por isso, é necessário que o governo invista mais para melhorar a qualidade dos serviços prestados pelos prestadores de cuidados de saúde públicos. O governo também deve conceber alguns mecanismos que garantam a qualidade dos serviços de saúde prestados pelos prestadores de serviços de saúde privados.

A variável mais importante, o logaritmo do consumo, foi incluída no modelo como o logaritmo da diferença entre o rendimento do agregado familiar e o custo do tratamento. Para ver o efeito individual do custo do tratamento, as elasticidades de preço são calculadas para diferentes grupos de rendimento. O resultado revelou que existe uma diferença na utilização dos cuidados de saúde entre os diferentes grupos de rendimento em resposta a uma alteração no custo do tratamento.

Além disso, o resultado mostra que a procura de cuidados modernos é mais elástica em termos de preço a um nível de rendimento mais baixo. Por conseguinte, as taxas de utilização seriam regressivas, na medida em que reduziriam a utilização dos indivíduos mais pobres mais do que a dos indivíduos mais ricos. Isto indica que, antes de qualquer tentativa de aumentar as taxas moderadoras, o governo deve introduzir um mecanismo que assegure uma utilização suficiente dos serviços de saúde entre o segmento pobre da população.

O outro resultado interessante é que, devido à maior substituibilidade entre os cuidados modernos, qualquer aumento de preço num dos dois prestadores de cuidados de saúde modernos faz com que a procura se desloque mais do que proporcionalmente para o outro prestador de cuidados de saúde modernos do que para a ausência de cuidados (ausência de tratamento). A baixa magnitude da elasticidade dos preços indica que o governo tem potencial para gerar mais receitas aumentando as taxas de utilização, mas esta medida deve ser apoiada por mecanismos que garantam uma utilização suficiente entre os pobres.

Referências

AbayAsfaw. "How poverty affects the health status and the health care demand behavior of households? O caso da Etiópia rural". Centro de Investigação para o Desenvolvimento (ZEF), Universidade de Bona.

Acton, J.P (1975). "Non-Monetary Factors in the Demand for Medical Services: Some Empirical Evidence". *Journal of Political Economy*, 83:595-614.

Akin, J., D. Guilkey, P. Hutchinson e M. McIntosh. (1998). "Price elasticities of demand for curative health case with control for sample selectivity bias on endogenous illness: An analysis for Sri lanka".

Akin ,J.S. Griffin C.C; e Guilkey,D.K(1985). "The demand for primary health services in the third world",Rowman and Allan head publishers.

Amarech Guda (2007). "Challenges of healthcare financing: economic and welfare effects of user fees in urban Ethiopia", Universidade de Adis Abeba.

Arrow K. J. (1963). "Uncertainty and the Welfare Economics of Medical Care", The American, Volume 53, Número 5, 941-973.

Arhin-Tenkorang D. (2000). "Mobilizing Resources for Health: The Case for User Fees Revisited", CMH Working Paper Series.

Asteraye N.(2002). "Determinants of Demand for Health Care Services and their Implication on Health Care Financing: The Case of Bure Town", Ethiopian Journal of Economics, Vol XI No. 1.

Budi Hidayat. (2008). "Existem diferenças entre as estimativas da procura incondicional e condicional? Implications for future research and policy", Universidade da Indonésia, Indonésia.

Ching p. (1992). "Factors Affecting the Demand for Health care in Philippines", série de documentos de trabalho, Philippine Institute for Development.

CSA (2012). "Report of welfare monitoring survey 2011", volume I, Agência Central de Estatística, Adis Abeba, Etiópia.

Dow, W.H. (1996). "Unconditional demand for health care in Cote dIvoire: Does selection of health status matter?", Living standards Measurement study working paper No.127.

Emmett B., (2004). "Abolishing cost recovery in basic health care: A critical Reform for Africa", Oxfam.

Fairbank A., (2001). "Improving the Quality of Services and Adjusting User Fees at Ethiopian Government Health Facilities: estimating the potential impacts of implementing various options",Abt Associates Inc., Addis Abeba. Addis Abeba.

Gaddah M.(2011). "Progressivity of health care services and poverty in Ghana", Instituto Nacional de Pós-Graduação em Estudos Políticos (GRIPS), Tóquio, Japão.

Gertler, P. e J. Van der Gaag. 1990. "The willingness to pay for medical care: Evidence from two developing countries", Baltimore: Johns Hopkins University Press

Gertler, P., L. locay. e W. Sanderson (1987). "As taxas de utilização são regressivas? The Welfare implication of Health Care Financing Proposal in Peru", Journal of Econometrics 36: 67-88.

Goldberg P. (1995). "Product Differentiation and Oligopoly in International Markets: The Case of the Automobile Industry", Econometrica, 63, 891-951.

Greene, William H. (1997): "Econometric Analysis (3rd ed)", Prentice-Hall International, Inc., Nova Iorque. Nova Iorque.

Grossman. (1972). "Sobre o conceito de capital de saúde e a demanda por saúde". *Journal of Political Economy*, 80:223-55.

Gupta I. e Dasgupta P. (2002). "Demand for Curative Health Care in Rural India: Choosing between Private, Public and No Care", Indian National Council of Applied Economic Research, Working Paper Series No. 82

Hoffman e Duncan (1988). "AComparison of Choice-Based Multinomial And Nested Logit Model", Journal of human resources

Kasirye, et al. (2004). "Demand for health care services in Uganda: Implications for poverty Reduction", Economic Policy Research Center, Makerere University2004.

Lavy V. e Germain J.M (1994). "Quality and Cost in Health Care Choice in Developing Countries". *LSM workings* Paper no 105, Washington, D.C, U.S.

Levinson F. (1974). "Uma análise econométrica da desnutrição entre crianças Yong na zona rural Índia". Cambridge, MA: Cornell/MIT *International Nutrition Policy Series*.

M. Lindelow. (2003). "Understanding spatial variation in the utilization of health services: does quality matter? "*Banco Mundial, Centro de Estudos das Economias Africanas, Universidade de Oxford.*

Maddala, G.S (1983). "Limited-Dependent and Qualitative Variables in Econometrics", Cambridge University Press.

McFadden, D. (1981). "Econometric Models of Probabilistic Choice", em Manski C. E McFadden, D. (eds), *Structural Analysis of Discrete Data: With Econometric Applications*, MIT Press, Cambridge, MA.

Messing Simon D. (1970). "Social Problems Related to the Development of Health in Ethiopia", *Social Science and Medicine*, 3:331-37.

MINISTÉRIO DA SAÚDE (2001). "Estimating Willingness to Pay for Health Care in Ethiopia: research results and analysis. Secretariado do Financiamento dos Cuidados de Saúde", Ministério Federal da Saúde.

MINISTÉRIO DA SAÚDE (2010). "Relatório do Programa de Desenvolvimento do Setor da Saúde IV (HSDP IV)", Ministério Federal da Saúde, Adis Abeba, Etiópia.

Mwabu G. (2007). "Health Economics for low-income countries", Centro de Crescimento Económico, Universidade de Yale, documento de discussão do centro n.º 955. 955.

Mwabu et al (2004). "A procura de cuidados médicos ambulatórios no Quénia"

R. A. Bello.(2005)." Determinant(s) of Demand For Traditional Method oof Health Care Services In Osun State: Nigeria", Indian Journal of Social Development, Nova Deli, Índia.

S. R. Adhikar.(2011). "Uma revisão metodológica da análise da procura: Um exemplo de serviços de cuidados de saúde". *Economic Journal of Development Issues Vol. 13 & 14 No.*

Sahn. E. D., S. Young, e G. Genicot (2002). "A demanda por serviços de saúde na Tanzânia rural".

Sahn. E. D., S. Young, e G. Genicot (2003). "The Demand for Health Services in Rural Tanzania". Oxford Bulletin of Economics and Statistics,65(2):241-260.

Tesfaye Arega. (2003). "The Demand for Curative Health Care in Jimma Town: Choosing Between HealthCare Providers" [A procura de cuidados de saúde curativos na cidade de Jimma: escolha entre prestadores de cuidados de saúde]. Universidade de Addis Abeba.

Tiehi (2012)." Demand for Child Healthcare in Cote d'Ivoire: A Multinomial Probit Analysis", International Review of Business Research Papers, Vol. 8. No.6, Pp. 113 - 125.

Tim Ensor e Stephanie Cooper (2004), "Overcoming barriers to health service access: influencing the demand side", Oxford University Press.

Titus Galama. (2011). "A Contribution to Health Capital Theory" Working P a p e r, Rand Labor and Population.

Train K. (2003). "Discret Choice Methods with Simulation", Cambridge, Cambridge University Press.

Michael Todaro. (2003). "Economic development", Nova Iorque.

Welch, Finis (1970), "Education in Production", *Journal of Political Economy,* 78: 35-59.

OMS (2011). "Objectivos de Desenvolvimento do Milénio relacionados com a saúde", parte a.

OMS (2011). "Objectivos de Desenvolvimento do Milénio relacionados com a saúde", parte b.

Wooldridge e Imbens. (2007). "What's New in Econometrics", Lecture Notes 11, NBER, verão de 2007 1.

http://siteresources.worldbank.org/INTHSD/Resources/topics/Health-Economia/PHE Ch4.pdf

http://www.who.int/governance/eb/who constitution en.pdf

I want morebooks!

Buy your books fast and straightforward online - at one of world's fastest growing online book stores! Environmentally sound due to Print-on-Demand technologies.

Buy your books online at
www.morebooks.shop

Compre os seus livros mais rápido e diretamente na internet, em uma das livrarias on-line com o maior crescimento no mundo! Produção que protege o meio ambiente através das tecnologias de impressão sob demanda.

Compre os seus livros on-line em
www.morebooks.shop

  info@omniscriptum.com
www.omniscriptum.com

www.ingramcontent.com/pod-product-compliance
Ingram Content Group UK Ltd.
Pitfield, Milton Keynes, MK11 3LW, UK
UKHW041934131224
452403UK00001B/137